国家中等职业教育改革发展示范学校建设项目成果
国家中等职业教育改革发展示范学校建设系列教材

应用文写作基础

袁 丽 陈建蓉 熊 瑛 主编

西南交通大学出版社
·成 都·

图书在版编目（CIP）数据

应用文写作基础 / 袁丽，陈建蓉，熊瑛主编. —成都：西南交通大学出版社，2014.2（2015.1 重印）
国家中等职业教育改革发展示范学校建设系列教材
ISBN 978-7-5643-2919-8

Ⅰ. ①应… Ⅱ. ①袁… ②陈…③熊… Ⅲ. ①汉语－应用文－写作－中等专业学校－教材 Ⅳ. ①H152.3

中国版本图书馆 CIP 数据核字（2014）第 028183 号

国家中等职业教育改革发展示范学校建设系列教材
应用文写作基础
主编 袁丽 陈建蓉 熊瑛

责任编辑	张 波
助理编辑	周次青
封面设计	墨创文化
出版发行	西南交通大学出版社 （四川省成都市金牛区交大路 146 号）
发行部电话	028-87600564 028-87600533
邮政编码	610031
网 址	http://www.xnjdcbs.com
印 刷	成都市书林印刷厂
成品尺寸	185 mm×260 mm
印 张	9.5
字 数	237 千字
版 次	2014 年 2 月第 1 版
印 次	2015 年 1 月第 2 次
书 号	ISBN 978-7-5643-2919-8
定 价	19.80 元

图书如有印装质量问题 本社负责退换

前　言

应用文是党政机关、企事业单位、社会团体及人民群众在处理日常公、私事务时所使用的具有一定格式的实用性文体，是在人类社会的生产实践中为满足和适应社会发展的需要而产生的。它历史悠久，为推动人类社会的进步发挥着无可替代的作用。在现代社会，应用文更成为每个现代人必须掌握的工具之一，应用文写作成为每个现代人必须具备的技能之一。对于即将步入社会的中高职学生来说，更应该注重进行应用文写作能力的培养和训练。

本教材的编写宗旨就是以“通用、适用、实用”为原则，收录了当前各种常用应用文文体。教材具有如下鲜明的特点：

首先，注重实用性。本教材以通俗易懂、突出实用为目的，基本理论以必需、够用为度。在行文上，对具体文体写作的内容要求、结构特点、写作要求精准概括，点明各种文体的写作特性，做到理论阐述简洁，并以写作范例为参照，每种应用文体后都附有“学与练”，便于理解和学习，具有很强的针对性与实用性。

其次，注重示范性。本教材涉及的应用文体包含行政公文、事务应用文、经济应用文、传播应用文、礼仪应用文五大类别，所有文种均配有写作范例，读者可直接套用。

再次，注重时代性。本教材在内容编写上充分考虑实际需要，力求与时俱进，以2012年4月16日中共中央办公厅和国务院办公厅联合发布的《党政机关公文处理工作条例》的有关规定为标准。所用范例也多为近几年的新作，具有典型性和时代气息。

本教材共分七章，第一章由李佳编写；第二章由袁丽、陈建蓉、李佳编写；第三章由熊瑛、蒋萍编写；第四章由黄慧编写；第五章由蒋萍编写；第六章由陈建蓉编写；第七章由袁丽编写。

由于是集体编写，难免会有文字风格差异，加之成书匆匆，定有不当之处，敬请读者批评指正。本书在成书过程中参考了部分同类教材和一些相关的论著，选用了一些例文，在此一并致谢。

编　者

2014年2月

目　录

第一章　应用文基础知识

第一节　概念和作用

一、概念

应用文是党政机关、企事业单位、社会团体及人民群众在处理日常公、私事务时所使用的具有一定格式的实用性文体的统称。

应用文是在人类社会的生产实践中为满足和适应社会发展的需要而产生的，历史悠久，源远流长，为推动人类社会的进步发挥着无可替代的作用。在现代社会，应用文更成为每个现代人必须掌握的工具之一，应用文写作成为每个现代人必须具备的技能之一，应用文已经社会化、大众化。尤其是在知识经济时代，整个社会各种活动的本质就是在加工、创造、复制、交流和运用信息，而信息的加工、创造、复制、交流和运用等根本就离不开应用文写作。应用文写作不再是少数人的行为，而是每个社会成员应对现代工作和生活所必需的生存本领。

二、应用文的作用

应用文的作用主要体现在以下几个方面：

1. 宣传、教育作用

应用文的宣传、教育作用主要体现在公文类和宣传类应用文中。借助行政公文的法规制度，党的方针政策得以及时和权威的宣传，它们对个人组织作出道德和行为规范，以统一思想和行动；各级企事业单位也可以通过宣传类应用文树立良好的社会形象；社会团体和人民群众则可通过报告等形式更好地贯彻执行党的路线、方针和政策。

2. 权威、规范作用

应用文的权威、规范作用主要体现在上级党政机关颁发的各类公文中。应用文是行政管理的工具，党和国家的各级组织和各部门的组织系统以及企事业单位，从上到下都是通过公务文书来传达法律规范、方针政策、意见办法，来部署工作，实现领导职能。如下达的命令、决定、通知、批复、意见等，具有领导和规范作用。

3．沟通、协调作用

上级机关可以通过批复、命令等应用文下达指导；下级机关可以通过报告、请示等应用文报请有关事情；企事业单位和人民群众可以通过各种专用书信、启事、函件等应用文来沟通思想、传递信息，加强联系。

4．依据、凭证作用

应用文是单位、团体履行职责、开展公务活动的真实记录，大部分文种在宣传政策、指导工作、规范行为、沟通信息的同时，也具有便于检查、监督的凭证和依据作用，一旦阅办完毕，便需立卷归档，以便查考。

应用文的作用除了上述四种外，还有知照、协调等作用。有些应用文并非只有一种作用，而是兼具多重作用，只是侧重点不同而已。

第二节　分类和特点

一、应用文的分类

应用文的种类很多，由于划分标准不同，各种版本的应用文写作书籍对其分类不完全相同。常见有两种划分标准：一是按照应用文的内容、性质和作用划分，将应用文分为三大类：公务应用文（行政公文、事务应用文）、行业专用文书（经济应用文、法律应用文、科技应用文、传播应用文等）和日常应用文书（书信、启事等）。二是按应用文的体式进行划分。本书着眼于中职学生在日常的学习和生活中经常使用的应用文，既为校园的学习和生活提供切实的帮助，又为走向社会、开始职业生涯的写作实践打下基础，不求全面，但求实用，以提高学生的日常应用写作能力和相应的素质修养为追求的目标。因此本书将中职学生在学习和生活中经常使用的应用文进行比较集中的介绍。学好这些日常的应用文，对今后进一步学习相关的专业文书大有益处。

本书设计了五大模块：行政公文、事务应用文、经济应用文、传播应用文、礼仪应用文。

二、应用文的特点

应用文同别的文体比较，有共性，也有个性。共性如他们都是对客观事物的反映，都要谋篇布局、用词造句、使用标点符号，讲究条理性、逻辑性，但同时必须体现其个性特征。具体表现在以下几方面：

1. 实用性

随着社会经济的不断发展和信息时代的到来，人们相互间的交往更加频繁，需要传递的信息日益增加，人们几乎随时随地都离不开应用文这个记录、传递信息，商洽、处理问题的工具。可以说，在各种文体中，应用文是使用范围最广，使用频率最高的文体。应用文文种繁多，应用广泛，无论是党政机关、企事业单位、社会团体撰写的公务文书，还是人们在日常生活、学习、工作中撰写的事务类文书，其根本目的都是为了处理或解决实际问题，具有实用价值。

2. 真实性

应用文书，须强调方针政策的正确和客观事实的真实。一切从实际出发，按照客观规律行文，事实确凿可信、不虚构，统计数据准确无误、不夸张，有根有据，这是应用文书写作对真实性的基本要求。

3. 简明性

“简”就是简练，要求用语精炼概括，“明”即明白、明确，要求用准确、精当的语言表达意思，不能有歧义。应用文的写作目的是为了处理或解决实际问题，它的语言在准确得体的基础上必须做到简洁明快、通俗易懂，不能堆砌辞藻、滥用修辞。

4. 时效性

首先，应用文为实用而作，用以应对突发事件、迅速及时传递信息情报，所以务必及时迅捷，否则贻误时机，将会给学习、工作和生活带来诸多不利。例如，会议通知就一定要在开会前发出，若会后再写通知，就失去了它的效用。其次，应用文的处理，即传递、阅读、办理的整个过程都要讲究时效。

5. 规范性

各类应用文一般都有惯用的格式，也就是程式性。应用文在漫长的使用和发展过程中，形成了相对稳定的规范格式和语言。各种文体都有特定的适用范围，不可随意交换使用。

第三节 意义和要求

一、应用文写作的意义

叶圣陶先生说：“大学毕业不一定能写小说诗歌，但是一定要写工作和学习中实际的文章，而且非写得既通顺又扎实不可。”在资讯高度发达，人们交际日益密切的现代社会，应用写作更是成了信息生产、储蓄、传递、实现交往必不可少的重要工具。应用写作这种突出的工具性质，决定了不管什么专业的学生都要学好应用文，写好应用文。

1．提升素质

听、说、读、写能力是现代人才必须具备的四大基本素养，其中以写作能力最能检测出一个人的综合素质，因此越来越多的用人单位将应用写作能力作为接纳人才的重要素质之一。

2．优化知识

学习应用文写作，可以开阔学生的视野、拓展知识面，使知识能力结构更合理，对将来的发展更有裨益。

3．增添优势

学习应用写作，可以提高学生在言语交际、文字表达、遣词造句、思维训练方面的能力，因而，在就业形势日趋严峻的今天，同学们可以凭借其优势在求职、交际以及处理公私事务方面表现得更加出色。

二、应用文写作的要求

1．加强素养，提高认识

应用文在本质上是一种工具，作为应用文的写作者，必须不断加强自身修养，包括政治理论素养、生活经验的积累、心理素质的修养等，同时不断提高自己与应用文写作密切相关的观察能力、思维能力、表达能力等。

许多同学对应用文不感兴趣，认为学习应用文没有用。其实应用文广泛运用于我们的学习和生活中，有事要写请假条，入团入党要写申请书，毕业求职要写求职简历，开会要有会议纪要等。应用文写作确实有一定难度，但是应用文格式的规范化从某种意义上说更便于初学者模仿借鉴，比其他体裁的文章入门更快，进步更明显。只要方法得当，反复训练，是完全可以写好应用文的。

2．大量阅读应用文范文，积累感性认识

阅读和借鉴范文是提高应用写作能力的一条重要途径。诗歌创作中有“熟读唐诗三百首，不会作诗也会吟”之说，其实从事应用写作学习，阅读和借鉴的价值似乎比诗歌创作更直接、更明显。比如，写一封求职信，多看几篇例文，就可能会受到启迪，增加对求职信写作的感性认识，并从中悟出一些写作方法和要求，甚至在应急时可以模仿与自身情况比较吻合的文本去写作。

当然，在阅读和借鉴范文的同时，还要善于总结，不能走马观光地看，而是要用“脑”去思考，范文为什么要这么写，这么写的优点是什么，等等。这样，读得多了，思得多了，相关文体的文本印象就会镌刻在脑海里，积累到一定阶段，就会从量变转入质变，真正掌握这种文体的写作方法。

3. 坚持多写多练，在实践中提高

叶圣陶说："要把写作的手腕训练到熟练，必须常常去写，规规矩矩去写。"[①] 提高写作能力，最根本的途径，就是要坚持多写多练。这正如学游泳，站在岸边看别人游一千次，看游泳指导书一千册，听游泳教练讲一千遍，自己就是不下水，肯定是学不会游泳的。应用写作也是如此，仅仅阅读应用写作的范文，学习应用写作的理论是远远不够的，关键是要多写多练。因此，在做到前两点的基础上，必须刻苦训练，持之以恒，才会熟能生巧，得心应手，真正掌握和不断提高应用写作的实际能力。

① 《叶圣陶创作论》，上海文艺出版社 1982 年版，第 125 页。

第二章　行政公文

第一节　公文格式

公文的格式是指组成公文的各部分文字符号在载体（纸张等）上排列的规定。

公文一般由份号、密级和保密期限、紧急程度、发文机关标志、发文字号、签发人、标题、主送机关、正文、附件说明、发文机关署名、成文日期、印章、附注、附件、抄送机关、印发机关和印发日期、页码等组成。

（1）份号。公文印制份数的顺序号。涉密公文应当标注份号。

（2）密级和保密期限。公文的秘密等级和保密的期限。涉密公文应当根据涉密程度分别标注“绝密”“机密”“秘密”和保密期限。

（3）紧急程度。公文送达和办理的时限要求。根据紧急程度，紧急公文应当分别标注“特急”“加急”，电报应当分别标注“特提”“特急”“加急”“平急”。

（4）发文机关标志。由发文机关全称或者规范化简称加“文件”二字组成，也可以使用发文机关全称或者规范化简称。联合行文时，发文机关标志可以并用联合发文机关名称，也可以单独用主办机关名称。

（5）发文字号。由发文机关代字、年份、发文顺序号组成。联合行文时，使用主办机关的发文字号。

（6）签发人。上行文应当标注签发人姓名。

（7）标题。由发文机关名称、事由和文种组成。

（8）主送机关。公文的主要受理机关，应当使用机关全称、规范化简称或者同类型机关统称。

（9）正文。公文的主体，用来表述公文的内容。

（10）附件说明。公文附件的顺序号和名称。

（11）发文机关署名。署发文机关全称或者规范化简称。

（12）成文日期。署会议通过或者发文机关负责人签发的日期。联合行文时，署最后签发机关负责人签发的日期。

（13）印章。公文中有发文机关署名的，应当加盖发文机关印章，并与署名机关相符。有特定发文机关标志的普发性公文和电报可以不加盖印章。

（14）附注。公文印发传达范围等需要说明的事项。

（15）附件。公文正文的说明、补充或者参考资料。

（16）抄送机关。除主送机关外需要执行或者知晓公文内容的其他机关，应当使用机关全称、规范化简称或者同类型机关统称。

（17）印发机关和印发日期。公文的送印机关和送印日期。

（18）页码。公文页数顺序号。

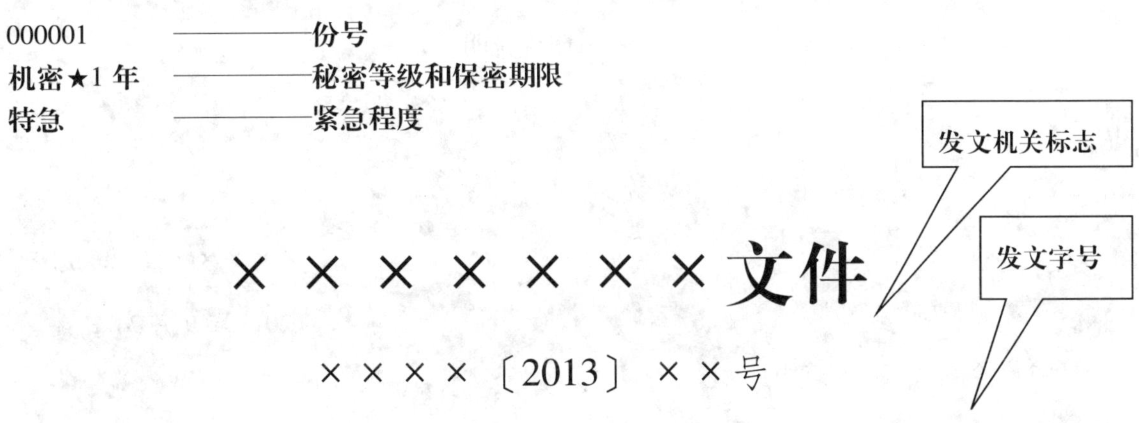

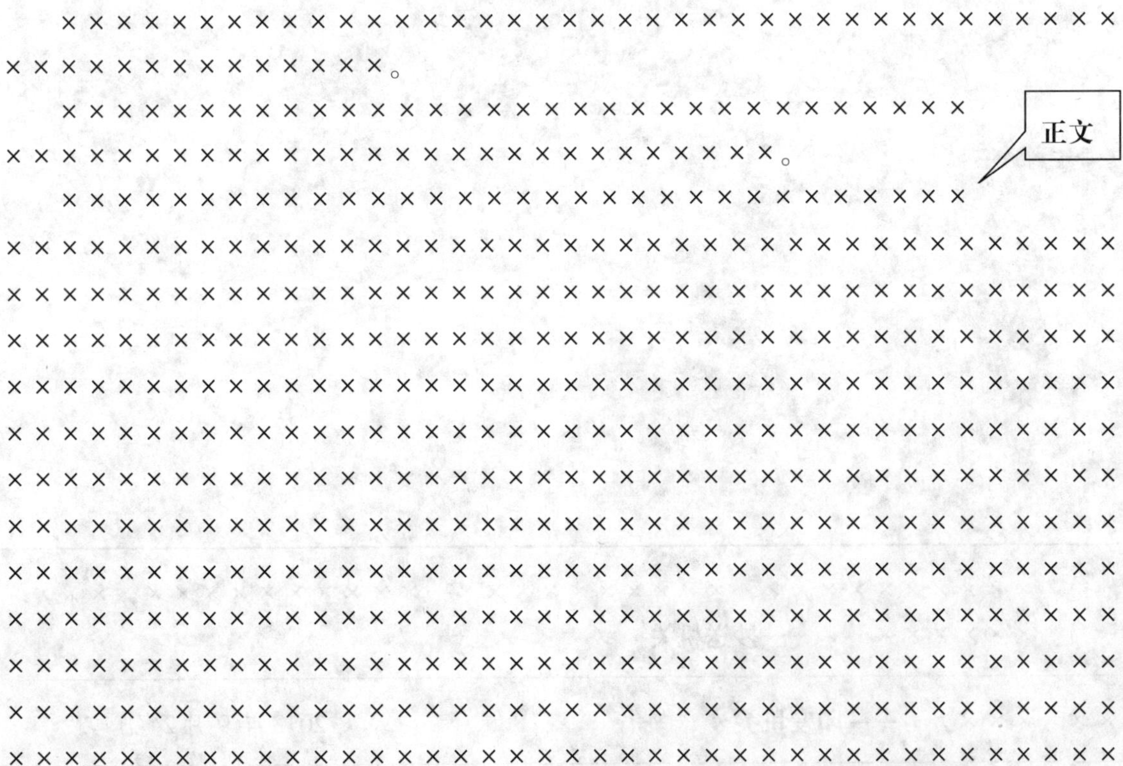

××。

附件：×××××××××× **——附件说明**

×××××（印章）

2013 年 9 月 24 日

×××××××× **——附注**

抄送：××××××××××，××××××××××，××××××××××，××××××××××× **——抄送机关**

×××××××× **——印发机关** 2013 年 9 月 24 日印发

第二节　常用公文

一、决定　通告

（一）决　定

1. 文体知识

决定是党政机关、社会团体、企事业单位对重要事项或重大行动做出决策和安排时制发的具有强制力和约束力的一种领导指导性和决策性公文。它是下行文。

决定的适用范围广泛，它适用于对重要事项或重大行动做出安排，奖惩有关单位及人员，变更或撤销下级机关不适当的决定事项等。决定的特点如下：

（1）指挥性。决定的内容一般是经重要会议或领导班子研究通过后，对下级机关或某一方面的工作提出的重要指导性意见。它有较强的指示方向的作用。

（2）制约性。决定比较集中地体现发文机关对重要事项或重大行动的指挥和处置意图，要求下级机关无条件执行，决定的制约性和强制性虽然没有命令那么严格，但比其他公文都要强，有些决定还有法规作用，在某些方面，决定往往是法规的延伸和补充，具有较大的强制性和行政约束力。

决定按照内容和用途，可以分为法规性决定、政策性决定、批准性决定、部署性决定、知照性决定、奖惩决定。

2. 写作方法

决定一般由标题、主送机关、正文、落款几部分组成。

（1）标题。

决定的标题要求写明发文机关、事由、文种，这三部分一般不能随意省略。如《广东省人民政府关于表彰我省人民满意的公务员的决定》。

（2）主送机关。

针对下级单位的决定要概括写明收文机关名称，如《国务院关于进一步推进相对集中行政处罚权工作的决定》中，主送机关为“各省、自治区、直辖市人民政府，国务院各部委、各直属机构”；没有特定受文对象的决定，不需要写主送机关。

（3）正文。

决定的正文有基本型、直叙型、三段型三种结构形式：

① 基本型。由“原因＋决定事项”两大部分构成。首先简要说明决定的原因、目的或根据，然后具体阐明决定的内容。可以着重从行文目的写起，例如“为了加强对城镇待业人员的管理，决定……”；也可以着重从根据写起，“根据省人民政府第十八次常务会议研究，决定……”。凡是内容较少的决定，可以紧接在原因之后写出决定事项。对于内容较多的决

定，为了确保调理清楚，应采用分条列项的方法阐明决定事项。

② 直叙型。直接阐明决定事项。

③ 三段型。由“原因+决定事项+号召”三个部分构成。第一部分写决定的原因、依据和目的。第二部分阐述决定的内容。其方法类似基本型。第三部分提出希望、号召或实施要求。政策性决定和部署性决定大都采用三段型的结构方式。

以上三种正文结构方式，只是基本的应用形式。在实际写作中，应视表现主旨的具体需要而定，没有千篇一律的模式。

(4) 落款。

落款应写明发文机关与成文日期。经会议讨论通过的决定，发文机关和成文日期采用“题注”的形式，在公文标题之下的括号内标明。

3. 写作范例

【例文一】

国务院关于加强食品安全工作的决定

国发〔2012〕20号

各省、自治区、直辖市人民政府，国务院各部委、各直属机构：

食品安全是重大的民生问题，关系人民群众身体健康和生命安全，关系社会和谐稳定。党中央、国务院对此高度重视，近年来制定实施了一系列政策措施。各地区、各部门认真抓好贯彻落实，不断加大工作力度，食品安全形势总体上是稳定的。但当前我国食品安全的基础仍然薄弱，违法违规行为时有发生，制约食品安全的深层次问题尚未得到根本解决。随着生活水平的不断提高，人民群众对食品安全更为关注，食以安为先的要求更为迫切，全面提高食品安全保障水平，已成为我国经济社会发展中一项重大而紧迫的任务。为进一步加强食品安全工作，现作出如下决定：

一、明确加强食品安全工作的指导思想、总体要求和工作目标

(一) 指导思想。以邓小平理论和“三个代表”重要思想为指导，深入贯彻落实科学发展观，从维护人民群众根本利益出发，进一步加强对食品安全工作的组织领导，完善食品安全监管体制机制，健全政策法规体系，强化监管手段，提高执法能力，落实企业主体责任，提升诚信守法水平，动员社会各界积极参与，促进我国食品安全形势持续稳定好转。

(二) 总体要求。坚持统一协调与分工负责相结合，严格落实监管责任，强化协作配合，形成全程监管合力。坚持集中治理整顿与严格日常监管相结合，严厉惩处食品安全违法犯罪行为，规范食品生产经营秩序，强化执法力量和技术支撑，切实提高食品安全监管水平。坚持加强政府监管与落实企业主体责任相结合，强化激励约束，治理道德失范，培育诚信守法环境，提升企业管理水平，夯实食品安全基础。坚持执法监督与社会监督相结合，加强宣传教育培训，积极引导社会力量参与，充分发挥群众监督与舆论监督的作用，营造良好社会氛围。

(三) 工作目标。通过不懈努力，用3年左右的时间，使我国食品安全治理整顿工作取得明显成效，违法犯罪行为得到有效遏制，突出问题得到有效解决；用5年左右的时间，使我国食品安全监管体制机制、食品安全法律法规和标准体系、检验检测和风险监测等技术支撑体系更加科学完善，生产经营者的食品安全管理水平和诚信意识普遍增强，社会各方广泛参与的食品安全工作格局基本形成，食品安全总体水平得到较大幅度提高。

二、进一步健全食品安全监管体系（略）

三、加大食品安全监管力度（略）

四、落实食品生产经营单位的主体责任（略）

五、加强食品安全监管能力和技术支撑体系建设（略）

六、完善相关保障措施（略）

七、动员全社会广泛参与（略）

八、加强食品安全工作的组织领导（略）

国务院

2012年6月23日

【简析】

这个决定围绕进一步加强食品安全工作做了重要部署。该文件主题集中，内容丰富，在部署工作的同时，制定了一系列重要政策。

正文采用基本型写法。开头说明了决定事项的背景，即我国食品安全工作现状，提出行文目的。主体部分采用分条列项式的方法，从八个方面进行部署和说明，内容简明清晰，富有逻辑性。这个决定没有刻意安排结尾。因为适合放在结尾部分强调的内容，已被分化在主体各个方面阐明。

【例文二】

国务院关于表彰全国劳动模范和先进工作者的决定

国发〔2010〕11号

各省、自治区、直辖市人民政府，国务院各部委、各直属机构：

2005年全国劳动模范和先进工作者表彰大会以来，各行各业涌现出一大批在全面建设小康社会、加快推进社会主义现代化伟大实践中取得显著业绩的先进模范人物，他们是继续解放思想、锐意改革创新的时代先锋，推动科学发展、促进社会和谐的行动楷模。为表彰他们的突出贡献，弘扬他们的先进思想，进一步激励全国各族人民积极投身建设中国特色社会主义伟大事业，推动经济社会又好又快发展，国务院决定授予2115人全国劳动模范荣誉称号，授予870人全国先进工作者荣誉称号。

国务院希望获得全国劳动模范和先进工作者荣誉称号的同志，谦虚谨慎，再接再厉，继续发挥模范表率作用，不断作出新的更大贡献。国务院号召全国各族人民，以全国劳动模范和先进工作者为榜样，学习他们信念坚定、胸怀大局的崇高思想，艰苦奋斗、勇于奉献的高尚品质，求真务实、纪律严明的优良作风，开拓创新、自强不息的进取精神，在以胡锦涛同志为总书记的党中央坚强领导下，高举中国特色社会主义伟大旗帜，以邓小平理论和“三个代表”重要思想为指导，深入贯彻落实科学发展观，同心同德、奋发图强，为夺取全面建设小康社会新胜利、谱写人民幸福美好生活的新篇章而不懈奋斗！

附件：全国劳动模范和先进工作者名册（共2985名）

国务院

2010年4月24日

【简析】

这个决定先概括说明了行文的背景及目的，主体部分则说明决定的具体内容并提出希望，内容简洁明了，一目了然。

（二）通　告

1. 文体知识

通告是用于公布社会各有关方面应当遵守或者周知的事项的公文。由于通告是直接面对广大公众的公文，所以发布时可采用张贴、登报、广播、电视等方式，以便大家周知。

2. 通告的特点

（1）广泛性。其广泛性表现在三个方面，一是它的发布内容广泛，凡是需要社会公众遵守和周知的事项均可在通告中发布。二是公布方式广泛，报纸、电视、广播等途径都可以发布。三是使用单位广泛，机关、团体、企事业单位都可以使用通告。

（2）强制性。通告常用来公布重要规章和某些重要事项，适用范围内的人员必须遵守和执行，不得违反，否则予以教育、处理甚至法律制裁。

（3）周知性。通告主要是直接面对适用范围内的人员，要求人民普遍了解和知晓所公布的事项，因此不必写主送机关。

3. 写作方法

通告由标题、正文、落款三部分组成。

（1）标题。

通告标题一般由发文机关、事由、文种三要素构成，如《交通部关于加强公路客运交通安全管理的通告》。根据具体情况，也可使用发文机关加文种组成，如《北京市公安局通告》。

（2）正文。

正文由缘由和通告事项两部分组成。缘由为发布通告的原因和根据，事项为须知和遵守的内容。通告事项是面对大众的，应简洁明了，叙述清楚，通俗易懂，便于掌握。结尾部分可提出要求、希望，并用“特此通告”作结。有时也可不写，形式比较灵活。

（3）落款。

正文后签署发布通告的机关名称和日期。

4. 写作范例

【例文】

关于对石潭溪大桥实行临时交通管制的通告

因国道316线石潭溪大桥（K70+090）存在安全隐患，为确保道路交通安全畅通，根据《中华人民共和国道路交通安全法》第三十九条规定，决定从2012年3月1日起至2012年3月3日，对国道316线石潭溪大桥实行交通管制，禁止重中型货车、大中型客车通行，禁止车身宽度超过2.1米、高度超过3米的车辆通行。

管制期间，以上限行车辆请绕道省道202线至云龙上京台高速，经洋中互通至国道316线；或绕道水口电厂施工桥走X123线到下祝，经X115线至古田县大桥镇，通过省道202线至国道316线。

特此通告。

福州市公路局

2012年2月28日

【简析】

这则通告采用分层说明的方式，简短明了，有关事项写的确切、具体，事项交代得很清楚。

学与练

（1）什么是决定？它有哪些特点？

（2）什么是通告？它的特点是什么？

（3）请根据下面的材料，拟写一份决定。

某工厂一青年男职工，旷工达七个月零九天；因酒后打架斗殴五次，并无故打伤一名劝架的退休干部，三次被公安局派出所拘留。厂里为了严肃厂规，教育该厂青年职工和群众，按厂规“无故旷工两个月，给予除名处分”的规定，决定将这个职工除名。

二、通知　通报

（一）通知

1. 文体知识

通知适用于批转下级机关的公文、转发上级机关和不相隶属机关的公文，传达要求下级机关办理和需要有关单位周知传达或者执行的事项，以及任免人员。

通知的特点如下：

（1）广泛性。通知的广泛性表现在多方面：一是从行文主体上说，党政机关、企事业单位、社会团体及各部门都可以使用；二是从公文内容上说，既可以传达上级的指示性意见，批准和发布政策法规等各种规约类公文，也可以部署重要工作任务，告知会议信息。

（2）时效性。通知都要求在一定时间范围内生效执行，因此必须有明确的时限要求。

（3）单一性。通知要严格执行一文一事的规定，要忠于被传达的内容，不能增加、遗漏和走样。

根据内容的不同，通知大体可以分为六类：

（1）指示性通知。用于布置下级机关工作事项，指示工作方法、步骤。例如《国务院关于切实加强艾滋病防治工作的通知》。

（2）转发性通知。用于批转或转发文件，包括批转下级机关的公文、转发上级机关或不相隶属机关的公文。例如《国务院办公厅关于发布 < 国家行政机关公文处理办法 > 的通知》、《国务院办公厅转发水利部关于加强长江近期防洪建设若干意见的通知》，前者是颁布性通知，后者是转发性通知。

（3）发布性通知。适用于所属下级机关发布有关行政法令和规章制度。如《国务院办公厅关于发布〈国家行政机关公文处理办法〉的通知》。

（4）会议通知。用于上级机关或有关部门通知会议的召开，以确保预订的会议能有准备的如期进行。例如《泉州经贸学院关于召开继续教育教学工作会议的通知》。

（5）事务性通知。用于处理日常工作中带事务性的事项，如《国务院办公厅关于成立国家信息化工作领导小组的通知》。

（6）任免人员的通知。用于任免和聘用干部。如《关于×××等同志任免的通知》

2. 写作方法

通知的格式，包括标题、主送机关、正文、落款。

（1）标题。

通知的标题多采用“发文机关名称＋事由＋文种”。转发性通知，应在标题中标明“批转”或“转发”字样，并要列出原文件起草单位及原文件名称。如《国务院办公厅转发财政部关于农业综合开发若干政策的通知》。发布性通知在标题中应写明“发布”、“颁发”、“印发”等字样。如《国务院办公厅关于印发质量工作考核办法的通知》。

（2）主送机关。

即收文单位。应在标题之下、正文之前顶格标明。

（3）正文。

另起一行，空两格写正文。正文的内容包括通知的缘由（目的、意义或依据）、通知事项和执行要求或希望三部分。具体表述时，内容简单、篇幅简短的通知可采用篇段合一的方式；内容重要和篇幅较长的通知，应采用分条列项式。有些通知带有补充说明和参考作用的附件，应当在正文之下标注附件名称，以免漏阅。

（4）落款。

标明发文机关名称和发文日期。

3．写作范例

【例文一】

国务院办公厅转发教育部等部门关于实施教育扶贫工程意见的通知

国办发〔2013〕86 号

各省、自治区、直辖市人民政府，国务院各部委、各直属机构：

教育部、发展改革委、财政部、扶贫办、人力资源社会保障部、公安部、农业部《关于实施教育扶贫工程的意见》已经国务院同意，现转发给你们，请认真贯彻执行。

附件：《关于实施教育扶贫工程的意见》

国务院办公厅

2013 年 7 月 29 日

【简析】

这是一则转发性通知，用于转发上级机关、同级机关和不相隶属机关的公文。本文对所转发的公文表明态度，提出执行要求，用语简洁，目的明确。

【例文二】

国务院办公厅关于加强农产品质量安全监管工作的通知

国办发〔2013〕106 号

各省、自治区、直辖市人民政府，国务院各部委、各直属机构：

近年来，各地区、各有关部门按照党中央、国务院部署，认真落实有关法律法规，不断强化监管措施，农产品质量安全形势总体平稳、逐步向好。但我国农业生产经营分散，监管力量薄弱，农产品质量安全仍然存在较大隐患。为贯彻落实十二届全国人大一次会议审议通过的《国务院机构改革和职能转变方案》和《国务院关于地方改革完善食品药品监督管理体制的指导意见》（国发〔2013〕18 号）的精神，经国务院同意，现就加强农产品质量安全监管工作通知如下：

一、强化属地管理责任（略）

二、落实监管任务（略）

三、推进农业标准化生产（略）

四、加强畜禽屠宰环节监管（略）

五、深入开展专项治理（略）

六、提高监管能力（略）

国务院办公厅

2013 年 12 月 2 日

【简析】

这是一则指示性通知。撰写这类通知要注意写清缘由、目的、依据或意义，有时还要交代行文背景。正文部分可采用分条列项的方法来阐述，写明与主题相关的问题。结尾以简短的文字说明执行要求，或提出希望、发出号召，也可不写。

【例文三】

国务院办公厅关于成立第一次全国地理国情普查领导小组的通知

国办发〔2013〕49 号

各省、自治区、直辖市人民政府，国务院各部委、各直属机构：

为加强对第一次全国地理国情普查的领导，根据《国务院关于开展第一次全国地理国情普查的通知》（国发〔2013〕9 号），国务院决定成立第一次全国地理国情普查领导小组（以下简称领导小组）。现将有关事项通知如下：

一、主要职责

负责第一次全国地理国情普查的组织和领导，协调解决普查中的重大问题。

二、组成人员

组　长：张高丽　　国务院副总理

副组长：（略）

成　员：（略）

三、工作机构及其职责

领导小组办公室设在测绘地信局，承担领导小组的日常工作，研究提出需领导小组决策的建议方案，督促落实领导小组议定事项，加强与有关部门和地区的沟通协调，具体负责普查工作的业务指导与监督检查，承办领导小组交办的其他事项。徐德明同志兼任领导小组办公室主任。

领导小组成员因工作变动需要调整的，由所在单位向领导小组办公室提出，报领导小组组长审批。领导小组不作为国务院议事协调机构，任务完成后自动撤销。

国务院办公厅

2013 年 6 月 8 日

【简析】

这是一则事务性通知，用于处理日常工作中的一般事项或临时性公务。这类通知一般比较简短，只要将有关要素说得具体、明确即可。

【例文四】

××经贸学院关于举办公文处理和公文写作高级研修班的通知

泉州市各单位：

为认真贯彻执行中办《党的机关公文处理条例》和国务院发布的《国家行政机关公文处理办法》，提高有关领导和办公室人员公文处理和公文写作能力，更好地适应办公室工作规范化、制度化、科学化的新要求，我院经与泉州市委办公室商议，拟自2008年4月起连续在××经贸学院举办“高级研修班”，现将有关事项通知如下：

一、研修主题：

办公室公文处理和公文写作规范化。

二、主要内容：

1. 《中国共产党机关公文处理条例》、国务院发布的《国家行政机关公文处理办法》专题讲座；

2. 公文处理规范化；

3. 公文写作规范化；

4. 当前秘书工作发展的形势、任务和要求；

5. 现代秘书工作网上办公。

三、开班时间：（略）

四、参加对象：

1. 各级党委、政府办公厅（室）有关领导及文秘工作人员；

2. 国有大型企业办公室领导及文秘工作人员；

3. 事业单位、社团组织办公室领导、文秘及业务人员。

五、主讲教师：（略）

六、费用标准：（略）

七、承办单位和报名方法：

三期研修班均由泉州经贸学院承办。

报名人员请认真填写好《报名回执表》，并于2008年3月30日前寄到或传真至泉州经贸学院办公室。

邮编：362000　　联系电话：0595—2828×××　　联系人：×××

八、培训报到地址：××经贸学院办公室。

附件：全国公文处理和公文写作高级研修班报名回执表（略）

××经贸学院

××××年×月×日

【简析】

这是一则会议通知。通知内容应当包括会议时间、地点、参加人、会议主题、注意事项等要素，必要时要说明会议的指导思想、会议目的、报到时间与地点、练习方式、食宿安排、是否需要回执等相关事项。

（二）通　报

1. 文体知识

通报是“适用于表彰先进，批评错误，传达重要精神或者情况”的行政公文。

通报按其性质和功能，可以分为三类：

一是表彰通报。表彰通报是用来表彰先进人物或先进集体，介绍先进事迹、推广典型经验的，是从高层机关到基层单位都广泛采用的常用公文类型。

二是批评通报。批评通报是对工作中发生、出现的重大事故、重大失误、错误倾向、不良风气提出批评使用的公文文种，重在以儆效尤，有针砭、警示、纠正的作用。批评通报可以针对个人所犯的错误制发，也可以针对某一部门、单位的不良现象制发，还可以针对普遍存在的某种问题制发。

三是情况通报。用来传达重要精神、沟通重要情况的通报是情况通报。为了让下级单位对一些重要事件或全局状况有所了解，上级机关应该适时发布这样的通报。常见的工作情况通报内容主要有工作进展情况、落实情况、评比检查结果等。

通报的特点有三点：

一是典型性。通报的事实，不论是表彰性的、批评性的，还是通报情况的，都要求有典型意义。

二是指导性。通报的内容，其价值往往并不单纯在于发布动态信息、宣布事件处理结果，而是要激励先进、督促后进，树立学习榜样，或者提供反面典型，使读者能够总结经验、吸取教训，得到有益的启示和警示。

三是时效性。通报的内容总是跟特定时期背景有着紧密的联系，通报得过于迟缓，就失去其沟通情况、宣传教育的目的。因此，通报的制发应该迅速及时，以免事过境迁，失去其积极的作用。

2. 写作方法

通报由标题、主送机关、正文、落款构成。

（1）标题。

通报的标题由“发文机关＋事由＋文种”构成。

（2）主送机关。

在标题的下一行顶格书写。

（3）正文。

通报的正文一般由主要事实、评价分析、决定和要求三个部分组成。

① 表彰性通报。首先概述先进事迹，写明何时、何地、何人做了何事，主要经过及事件结果如何，表明通报发出单位对通报事项的态度。其次对好人好事进行分析评论，最后. 写明表彰决定的内容，如授予荣誉称号、给予物质奖励，提出要求和希望，号召大家学习。

② 批评性通报。首先叙述错误事实经过，可以用“据调查”开头，交待时间、地点、事故发生经过、事故造成的损失情况。其次对事故原因进行分析，指出产生的危害及影响。最后写明对事故的处理决定，提出防止此类事故发生的措施和要求，警示其他单位或个人。

③ 情况通报。首先概述通报的是什么情况，以及情况的来源。其次介绍情况本身，把情况的来龙去脉，前因后果等阐述清楚。最后写明上级机关的指示性意见，提出下级机关应该注意的问题。

（4）落款。

注明发文机关和发文日期。

3. 写作范例

【例文一】

××市人民政府关于表彰计划生育先进集体和先进工作者的通报

各县（市、区）人民政府，市属各部门：

我市各级党委、政府和有关部门高度重视计划生育工作，认真贯彻省计划生育条例，切实加强对计划生育工作的领导，全面完成了省下达的“九五”人口计划和各项计划生育指标任务。2008 年度，全市人口出生率降到 5%，平均生育率为 0.87%，低于全国、全省水平。这是全市各级干部、计划生育工作者和全市人民共同努力的结果。为了进一步推动我市计划生育工作的深入开展，市人民政府决定授予××县等三十五个单位“全市计划生育先进集体”光荣称号，授予×××等四十五位同志“全市计划生育先进工作者”光荣称号。希望受到表彰的单位和个人，要戒骄戒躁，继续努力，为我市计划生育工作向深层次、高质量发展做出新的贡献。

2009 年，各级政府和广大干部要全面贯彻落实好党的十五届四中全会精神，继续把计划生育工作放在更加重要的地位，坚持不懈地抓下去，切实加强领导，坚持按《条例》规定依法管理，大力加强基层基础工作，力争我市“十五”期间人口出生率控制在 5% 以内，为本世纪末实现我市人口控制在四百万以下的目标而努力奋斗。

附：××市计划生育先进集体、先进工作者名单。(略)

××市人民政府

2008 年 12 月 5 日

【简析】

本文是一则表彰性通报，文章先概述通报的先进事迹，其次进行分析评价，写明表彰决定，最后发出号召，结构清晰，一目了然。

【例文二】

××市食品酿造公司关于××食品厂司机×××私自开车到北戴河游玩的通报

公司所属各单位：

今年 8 月 8 日晚，××食品厂司机×××以磨合汽车为借口，擅自驾驶“630”食品防尘车并带上五人从××分厂去北戴河游玩。10 日 8 点抵达北戴河，至 12 日夜间 12 点才返回公司。行程六百多公里。

×××的行为，违反组织纪律，错误实属严重。车队负责人在问题发生后未及时向公司汇报，这种做法也是错误的。为了严肃纪律，维护公司利益，同时教育×××本人，经公司研究决定：对司机×××予以通报批评，扣发三个月奖金，并责令其上交全程所用汽油费。

望各单位接此通报后，组织员工们及时学习、讨论，从中吸取教训，把各项工作提高到一个新水平。

××市食品酿造公司

××××年××月××日

【简析】

这是一则批评性通报。文章首先写明被批评者的错误事实，其次分析评价错误性质及对他的处理决定，最后提出要求，要大家引以为戒。

【例文三】

××市教育局
关于 2011 年秋学期开学工作检查情况的通报

各中小学、实验学校，民办学校，县直教育单位：

根据市教育局《关于做好2011年秋学期开学工作的通知》及县开学工作要求精神，我局抽调机关工作人员40余人组成18个检查组于8月31日至9月2日对全县各中小学、幼儿园及民办学校的开学工作情况进行了拉网式检查。总体感觉开学工作开局良好，和谐稳定，秩序正常。现将有关情况通报如下：

一、暑期活动丰富多彩，学习培训扎实有效

暑期中，全县各学校开展了丰富多彩的活动，极大地丰富了师生们的假期生活，提高了教师的业务素质，促进了整个社会的和谐、稳定和发展。

（一）认真学习省市有关规定，严格规范办学行为（略）

（二）教师培训工作扎实有效（略）

（三）学生暑期活动异彩纷呈（略）

（四）规范招生行为，全面细致地做好义务教育阶段学生学籍入库工作（略）

（五）认真做好开学前的各项准备工作。（略）

二、开学工作井然有序，教学氛围严谨浓厚（略）

三、安全工作常抓不懈，排查整改落实到位（略）

全县中小学今年开学工作总体是好的，实现了“开门红”的目标，但是在检查中我们也还发现了一些不容忽视的问题：一是部分中学开学第一天学生报到不全，这部分未报到学生尽管有部分因临时未办理转学手续而流入外地读书，但仍有少部分学生存有流失的可能；二是个别学校在接送学生车辆方面还存在一定的安全隐患；三是个别学校周边环境差，响水中心小学门前菜场经常堵塞，陈家港中学门前路面破烂不堪，存在安全隐患；四是个别学校极个别老师师德不高，仍有职业倦怠现象。以上问题希望各相关学校予以高度重视，认真加以整改，并将整改情况报局中教科，我局将组织力量对有关学校整改情况进行跟踪督查。

××市教育局

2011年9月6日

学与练

（1）根据下列正文内容写出标题。

① 国家统计局、国家经贸委《关于做好工业统计制度改革的意见》已经国务院同意，现转发给你们，请结合本地区、本部门的实际，认真贯彻执行。

② 为了贯彻全省环保工作会议精神，市政府决定在××县召开各区、各县环保负责任工作讨论会，现将有关事项通知如下。

③ ××大学就××系学生张明擅自离校外出旅游，严重破坏学校纪律，给予记过处分一事通报全校。

④ ××大学英语系学生王丽在教学楼拾到一黑色钱包并主动交到学生科，学校决定对她进行表彰。

（2）宏远公司要在2013年1月5日召开一个关于研究如何加强经营管理的工作会议。这是公司经理办公会议决定的。上午9点开始，只开一天，要求各分公司经理和部门经理都必须准时到会，地点在公司第一会议室。请写一份通知。

(3) ×市棉纺厂职工陈飞拾到现金5万元后如数交到了××派出所，陈飞所在的单位得知此事后，对他进行了通报表扬，并奖励他现金2000元，请你代写一份表彰性通报。

三、报告　请示　批复

(一) 报　告

1. 文体知识

报告是陈述性公文，适用于向上级机关或者业务主管机关汇报工作、反映情况，回复上级机关的询问。报告属上行文。

报告按其行文目的和作用不同，一般分为七种类型：

(1) 工作报告。指向上级机关汇报工作的报告，有例行工作报告和专题报告两种。

(2) 情况报告。指向上级机关反映情况的报告。

(3) 呈转性报告。就是要求上级批转的报告。

(4) 检查报告。因工作中发生错误而写上级机关的检查报告。

(5) 例行报告。在特殊紧急情况下，上级机关明确要求下级机关按月（称“月报”）、按周（称“周报”）向上级机关反映工作、汇报情况的报告。

(6) 答复报告。指答复上级询问事项的报告。

(7) 报送报告。指向上级机关报送文件或有关材料的报告。

报告的适用范围很广，各级各类机关、群众团体均可使用。

2. 写作方法

报告由标题、主送机关、正文和落款等部分构成。

(1) 标题。

一般由发文机关、事由、文种构成，如《××市妇联关于维护妇女儿童合法权益情况的报告》；也可由事由和文种构成，如《关于进一步做好维护社会稳定工作情况的报告》。

(2) 主送机关。

写明所要呈报的机关名称。一般一个报告只呈报一个主送机关，如需其他机关知晓，可用“抄送”。

(3) 正文。

报告的正文一般由开头、主体和结尾三部分组成。开头一般先总述开展工作的背景、成绩或问题作为发文依据，然后常用“现将有关情况报告如下”作为过渡句，引起下文。主体写报告内容，即反映主要工作进展情况，要突出重点，抓住核心问题，有主要成绩、有基本经验、有存在不足、有改进意见。结尾常用“特此报告，请审阅”或“以上报告如有不当，请指出”等惯用语结束全文。

(4) 落款。

写明发文机关和成文时间

3．写作范例

【例文一】

××中学（学校）关于寒假期间教师违规补课的自查报告

××县教育局：

我校严格执行国家教育部及自治区教育厅的有关政策法规，严禁学校或教师进行集体及个人违规补课。并根据《关于对中小学教师寒假违规补课等现象进行检查的通知》的文件精神，我校重新调整了以校长为组长的××县第二初级中学教师寒假违规补课检查领导小组，对2012年寒假教师违规补课进行了严格地自查，未发现一起教师个人违规补课，学校也严格执行了上级文件，未出现集体违规补课等现象。

特此报告。

××县第二初级中学

2013年3月21日

【简析】

这份自查报告一开头就交代了自查工作开展的背景、依据，然后汇报了自查的结果，全文简明扼要。

【例文二】

××职业学校关于学生收费情况的报告

××市教育局：

前接××市教综〔200×〕××号函，询问我校对学生收费的情况，现将情况报告如下：

我校对学生收费的标准是根据市人民政府〔200×〕××号文件规定，同时又针对我校所设专业的不同而制定，并报市物价局核准后执行的，不存在乱收费、多收费的情况。另一方面我校对部分贫困生实行减免学费和不定期补助的做法，使部分特困生得以顺利完成学业。

今后我校在收费方面将继续严格按上级有关文件规定和当地物价部门核准的收费标准执行，决不做违规之事。

特此报告

附件1.《××职业学校收费标准》

附件2.《××市物价局关于××学校收费标准的批复》

××××学校

200×年×月×日（章）

【简析】

这是篇答复报告，第一段先说明行文的缘由，然后过渡到下文，具体答复了上级的询问，同时还简要说明了本校在收费方面对学生有益的其他做法及今后的做法，最后加上两个附件，以此证明学校的收费并未违规。

（二）请 示

1. 文体知识

请示适用于向上级机关请求指示、批准。请示属于上行文。

请示的主要类型：

（1）请求指示的请示。这类请示多涉及政策上、认识上的问题。

（2）请求批准的请示。这类请示多涉及项目、人事、财务、机构等方面的具体问题。

（3）请求批转的请示，也叫呈转性请示。它用于向上级机关请示批准所提工作意见并要求予以批转或转发的，这类请示应附完整的工作方案。

请示的适用范围和涵盖内容广泛，各级各类机关、群众团体、个人均可使用。请示必须坚持“一文一事”的原则。要严格按照隶属关系逐级行文，不能多头主送，也不能主送领导者个人。

2. 写作方法

请示由标题、主送机关、正文和落款等部分构成。

（1）标题。

请示的标题一般包括三要素，即发文机关、事由、文种。如《××大学关于增设艺术设计专业的请示》。

（2）主送机关。

只能写一个主送机关，不能多头请示。主送机关名称可写全称，也可写规范化简称。受双重领导的部门，在向上级报送请示时，只能主送给一个上级机关，可将另一个上级机关列为“抄送”。

（3）正文。

请示的正文一般由请示原因、请示事项和请示结尾三部分组成。起因是行文重点，要交代请示事项产生的背景、原因，阐述请示的理由和依据。请示事项是行文的落脚点，必须写得具体明确。一些重要、复杂的事项，涉及人、财、物的事项，要附上必要的附件材料，如有关证据、款物明细表、有关文字材料等，以便上级机关决策、留存。结尾另起一行，用“以上请示当否，请批复”或“妥否，请批示”等惯用语结束全文。

（4）落款。

写明发文机关和成文时间

3. 写作范例

【例文一】

××区民政局关于申请2013年社区公益服务项目资金的请示

上海市民政局计财处：

为贯彻落实市民政局《关于社区公益服务项目目录及基本指标等有关事项（试行）的通知》（沪民计发［2011］102号）、《关于编制上报2013年社区公益服务项目预算的通知》文件精神要求，为进一步推进普陀区社区公益服务工作，促进社会公益组织参与社区公益服务的积极性，经调研，并根据本区社区居民的需求，2013年普陀区民政局共上报社区公益服务项目5件，涉及资金140万元，现需市级公益金配套资助7万元。

当否，请批示。

附件：服务项目及经费预算表

××区民政局

2012年9月24日

【简析】

这是一份请求解决资金问题的请示。交代了请示事项产生的原因，说明了社区公益服务的重要性，强调了开展社区公益服务的具体困难，并提出了具体的解决意见。最后还附上了经费预算表，有理有据，简明扼要。

【例文二】

关于更改我市××中学等学校名称的请示

市政府：

为了进一步提高我市××中学的知名度，以及便于对外合作交流，按照全国城市称谓惯例，又根据全市农村教育工作会议精神，经局务会议讨论，拟定将××中学、××中学、××中学和××中学称谓更改为××市第一、第二、第三、第四中学。

妥否，请批示。

××市教育局

×年×月×日

【简析】

这是一份请求批准更名的请示，首先交代了请示原因，然后明确提出了请示事项。

4. 文种区别

请示与报告的区别：

（1）行文目的、作用不同。

（2）行文时间不同。请示需事前行文，报告一般在事后或者工作过程中行文。

（3）受文机关处理方式不同。请示属办件，收文机关必须及时批复。报告属阅件，收文机关可不行文作答。

（4）写作侧重点不同。报告只汇报工作情况，一文一事、数事皆可。但不能夹带请示事项。请示中所陈述的情况只是作为请示的原因，其重点依然是请示事项，而且必须一文一事。

（三）批　复

1. 文体知识

批复也是一种重要的领导指导性公文，适用于对下级机关的请示事项作出答复。这一文种只能用于对本机关所属的下级机关。业务主管机关对于平行机关和没有隶属关系的机关答复问题和审批事项，不宜使用批复，可以用函答复。

批复的特点：

（1）被动性。批复必须依赖请示而存在，先有请示后有批复，任何一份批复都是针对请示而做出的。

（2）针对性。批复内容有很强的针对性，请示什么事项，就批复什么事项。批复的内容是由请示的内容来决定的，批复的针对性还体现在批复的主送单位只能是请示的单位，涉及的有关单位必要时可以抄送，但范围必须有一定限制。

（3）权威性。上级机关通过批复表态准许怎样做，不准许怎样做。下级机关必须执行上级机关的批复意见。

批复的类型：

（1）肯定性批复。表明同意下级机关就某项工作提出的请求，认可下级的某种设想或做法。

（2）否定性批复。不同意下级机关的要求，给下级机关否定的答复，但要说明理由。

2. 写作方法

（1）标题。

批复的标题由发文机关、事由、文种构成，例如《北京市人民政府关于北京市第二道绿化隔离地区规划的批复》。起草肯定性批复时，标题中应使用“同意”这个表态词，如果批复的内容是不同意下级机关的请示事项，不宜标明“不同意”的字样，而应在正文里说明。

（2）主送机关。

写明批复所针对的请示单位的具体名称

（3）正文。

批复的正文由批复引据、批复意见、批复结语三部分组成。一般先引述下级来文日期、标题和文号，告之收文情况，接着写批复意见，或同意或不同意，写明具体意见和要求。最后用“特此批复”结束全文。有的批复没有结尾用语，把事项或问题说完即可。

（4）落款。

写发文机关和成文日期。

3. 写作范例

【例文一】

国务院关于同意建立烟花爆竹安全监管部际联席会议制度的批复

安全监管总局：

你局《关于建立烟花爆竹安全监管部际联席会议制度的请示》（安监总管三〔20××〕35号）收悉。现批复如下：

同意建立由安全监管总局牵头的烟花爆竹安全监管部际联席会议制度。联席会议不刻制印章，不正式行文，请按照国务院有关文件精神认真组织开展工作。

附件：烟花爆竹安全监管部际联席会议制度

国务院

20××年×月×日

【简析】

这是肯定性的批复。除了同意请示事项，还提出了执行要求，内容简明扼要。

【例文二】

关于重建何香凝故居问题的批复

中共广东省委、省人民政府：

1990年3月5日《关于重建何香凝故居的请示》收悉，鉴于广州市已有一座廖仲恺、何香凝纪念馆，根据中央、国务院有关规定，按原貌重建何香凝故居一事缓办，可在芳村故居建立一简易纪念标志。

此复。

中共中央办公厅

国务院办公厅

1990年4月17日

【简析】

这是一则不同意请示内容的批复。批复一开始引据请示的时间和标题，接着写出了不同意请示内容的原因，最后提出了上级领导机关的建议，全文简短精练，表意清楚明白。

学与练

一、选择题

1. 某政府职能部门针对某方面的问题，提出了改良措施，但需经上级机关批准并由其帮助实施这些措施，这时该部门向上级行文，应选用的文种是（　　）

A. 请示　　B. 报送报告　　C. 呈转性报告　　D. 通报

2. 以下标题正确的是（　　）

A. ××省委批转××市委关于帮教失足青少年工作情况的请示

B. 关于请求回答调资工作中几个问题的请示报告

C. 农业厅关于请求解决农垦系统中小学教育经费问题的报告

D. 国务院办公厅关于进一步做好房地产市场调控工作有关问题的通知

3. 下列（　　）情况可用报告这种文体

A. 向上级汇报工作　　B. 反映情况

C. 答复上级机关的询问　　D. 请求上级机关批准

4. 上级机关就某校开学收费事项进行询问。该校答复时应该使用（　　）

A. 请示　　B. 函　　C. 报告　　D. 通知

5. 写"请示"应当（　　）

A. 集中写几件事　　B. 本机关职权范围内可以解决的事

C. 一文一事　　D. 与报告一起写

6. 下列说法正确的是（　　）

A. 受双重或多重领导的单位，视请示内容，可以有两个以上的主送机关

B. 批复和请示一样，也应一文一事

C. 复函一般用"特此函复"作结

D. 请示有对应的文种，而报告则无

7. 报告的注意事项是（　　）

A. 报告的事项必须真实　　B. 报告时间及时

C. 报告不得夹带请示事项　　D. 报告的主送机关为上级机关

二、请示与报告有哪些区别?

三、改错

1. 指出下面这则请示存在的问题，并加以改正。

请示报告

局领导：

我们处 2005 年已经购买过八台联想计算机，多年来一直不停地使用，今年已经很明显地不能使用了，致使我们的工作效率无法提高，所以必须重新购买一些计算机。为此，要求局里拨款十二万元，打算购买十台计算机和数量相当的打印机。无论如何，望批准购买。

另外，财务科的保险柜密码锁也严重失灵，不太安全，应该更换新的保险柜，请顺便追加拨款四千元，请一并批准。

××处

2010 年 9 月 20 日

四、写作

（1）以下列材料为素材，拟写一份请示。

××农村技术师范专科学校一幢 500 平方米的砖木结构家禽养殖实验楼，由于年久失修，楼板和梯子被损严重，而且出现了倾斜现象，已经成为危房，对这种情况，教师、家长的意见很大。为了杜绝事故发生，急需对实验楼进行修建。经初步预算，需修建费 20 万元，请求市教育局批准将工程项目列入 2011 年基建项目，并拨给所需费用。

（2）根据以上材料代市教育局拟写一份同意该校拨款请示的批复。

四、函　意见　纪要

（一）函

1．文体知识

公函（简称为函）适用于不相隶属机关之间商洽工作、询问和答复问题、请求批准和答复审批事项。

公函属于典型的平行文种。“不相隶属机关之间”不论级别高低，都没有职权上的指挥与服从、领导与被领导关系，都是平等的协作关系，相互行文均使用函。政府的专门职能部门，如财政、人事、卫生、统计、环保、劳动保障、市政管理等部门，都是各该项事业的专门管理机关，下级政府或同级部门要开展这些方面的工作，或涉及这些部门的职责范围时，必须请求其批准才行。这时应当使用“函”请求批准，而不能使用“请示”。只有相隶属的下级机关向上级机关请求批准时，才能使用“请示”行文。

函具有平行性、商洽性、广泛性等特点。根据发函的目的和内容，可分为商洽函、联系函、询问函、答复函、请求函、批准函、告知函等种类；从公函的授受关系来说，有发函和复函两大类。

2．写作方法

函一般由标题、主送机关、正文、落款等部分组成。

（1）标题。

函的标题一般有两种形式。一种是由发文机关名称、事由和文种构成，如《国务院办公厅关于农村中小学现代远程教育工程总体实施方案的复函》。另一种是由事由和文种构成，如《关于申请购置小汽车经费的函》。文种应点明是“函”还是“复函”。

（2）主送机关。

函是正式公文文种，与其他公文同等效力，绝大多数只写一个主送机关，尤其是报请函，类似于请示文种，是需要主办机关审批的公文，不能一文多报。但有时涉及部门多，也有排列多个主送机关的情况，如《国务院办公厅关于羊毛产销和质量等问题的函》（国办函〔1993〕2号）的主送机关，有七个之多："国家计委、经贸办、农业部、商业部、经贸部、纺织部、技术监督局"。

（3）正文。

① 开头。要根据公函的不同内容，采取不同的开头方式。一般来说，开头主要说明发函的缘由。一般要求概括交代发函的目的、根据、原因等内容，然后用"现将有关问题说明如下"或"现将有关事项函复如下"等过渡语转入下文。复函的缘由部分，一般首先引叙来文的标题、发文字号，然后再交代根据，以说明发文的缘由。

② 主体。这是函的核心内容部分，主要说明致函事项。函的事项部分内容单一，一函一事，行文要直陈其事。无论是商洽工作，询问和答复问题，还是向有关主管部门请求批准事项等，都要用简洁得体的语言把需要告诉对方的问题、意见叙写清楚。如果属于复函，还要注意答复事项的针对性和明确性。

③ 结尾。一般用礼貌性语言向对方提出希望。或请对方协助解决某一问题，或请对方及时复函，或请对方提出意见，或请主管部门批准等。结语通常应根据函询、函告、函商或函复的事项，选择运用不同的结束语。如"特此函询（商）"、"请即复函"、"特此函告"、"特此函复"等。

（4）落款。

署名机关单位名称，写明成文时间，并加盖公章。

3．写作范例

【例文一】

××市高等职业技术学院
关于询问网络工程在职师资培训班有关情况的函

××师范学院：

据报载，贵院将于今年9月起开办网络工程专业在职师资培训班。我院有意派员参加，但对有些情况了解得还不太具体，比如：何时招生，招收多少名额，是否需要考试，开设哪些课程，报考对象和条件要求，学习时间，收费多少等，我院急需了解，以便选派合适人员参加学习。

上述事宜，敬请函告。

××市高等职业技术学院（章）

2012年6月10日

【简析】

询问函是有疑而问，旨在问明情况，以便本方采取行动。所以关键是要将问题的由来以及本方所关注的事情问清楚，以便对方给予有针对性的解答，行文中切忌兜圈子。上文开头第一句点明了事情的由来，第二句表明了本方的意图。紧接着将疑问列明，没有一句多余的话，语言简洁得体。

【例文二】

关于协助查处违法户外广告牌的复函

××市城市管理综合执法大队：

贵单位《关于协助查处违法户外广告牌的函》（×综执法函〔2010〕×号）悉。现将有关情况函复如下：

我局直属××单位自2010年5月成立后一直没有办公用房，2011年下半年经省政府批准，将位于××路××号××大厦七、八、九层安排给该单位，2012年春节后开始动工装修，目前仍未完成工程验收，人员未进驻办公楼办公，函中所述广告牌此前已存在，并不涉及我局问题。

特此函复。

中共××市委××局（章）

2012年4月3日

【简析】

答复函的写作有很强的针对性。首先说明对方来函收悉然后使用“现将有关情况函复如下”作为过渡，引出答复内容。其次，针对来文内容，对提出的问题作出明确具体的回答。

4．文种区别

（1）请批函与请示的异同。

请示中有“请求批准的请示”，函中有“请求批准的函”，两者具有相同的功能。区别只在于行文关系，前者用于下级机关向上级机关请求批准，如某省教育厅行文请示该省政府；后者用于不相隶属机关之间请求批准，如某省教育厅行文请求该省机构编制委员会办公室批准增加人员编制。

（2）答复函与批复的异同。

两者具有相同的答复请批文件的功能。区别主要表现在三个方面：一是针对不同的来文必须选用不同的文种；二是适应不同的文种，要选用适合行文关系的不同的尾语；三是适应不同的行文关系和文种，要使用不同的行文语气。批复是下行文，语气可坚定、严肃；复函属平行文，态度要明确，但语气应相对委婉，不应给对方留下高人一头的感觉。

（二）意　见

1. 文体知识

意见是对重要问题提出见解和处理方法时使用的公文。意见文种党政机关、企事业单位均可使用。

意见具有多向性特征，可向上行文，向下行文，也可平行行文。用于上行的意见具有建议性，如2011年住房城乡建设部等16个部门上报给国务院《关于进一步加强城市生活垃圾处理工作的意见》，于2011年4月19日被国务院以国发〔2011〕9号文件批转给各省、自治区、直辖市人民政府、国务院各部委、各直属机构。用于下行的意见具有指示性，如国务院于2011年3月20日发出的《国务院办公厅关于开展2011年全国粮食稳定增产行动的意见》。用于平行的意见主要供对方参考，如某县农业技术推广站就推广使用“红星4号”稻种给某乡人民政府的意见。

意见可分为建议性意见、指示性或指导性意见、商洽性意见等。不同意见有不同的规范要求，撰写时要审慎处理，区别对待。

2. 写作方法

意见由标题、题注或落款、主送机关、正文等要素构成。

（1）标题。

意见的标题有两种写法。

形式一：由发文机关、事由和文种构成。如《××省政府办公厅关于加强公文审核把关工作的意见》

形式二：由事由和文种构成。如《关于进一步规范公文处理工作的实施意见》

（2）题注或落款。

属于在会议上通过的意见，应当在标题之下以题注的方式标明通过意见的会议名称或通过意见的具体日期。不属于在会议上通过的意见，则按照公文落款的方式来处理，即在正文右下方标写发文机关名称和成文日期。

（3）主送机关。

如果标示了题下日期，则在正文后下一行加括号写明发

文范围。反之按普通公文写明主送机关。

（4）正文。

① 开头。写明提出意见的缘由、政策依据及其发文意义，这部分应简明扼要。

② 主体。明确提出工作的指导原则和目的，提出鲜明的观点或工作事项，提出科学可行的措施或有关意见、建议。视公文的情况可以分部分、分层次阐述。如果内容单一集中，可

以直接列出条目，提出相关意见。

③结尾。一般用简洁的文字提出实施要求或强调重要性，提出希望等，也可以省略。

3. 写作范例

【例文一】

上海人事局关于开展2007年敬老活动的意见

各部、委、办、局人事部门，各区、县人事局：

今年10月19日是传统佳节重阳节，也是第二十个“敬老节”。为了庆祝这一老年人的节日，充分体现党和政府对老年人的关心，弘扬中华民族尊老敬老的传统美德，营造全社会关爱老人、重视老龄工作的社会氛围，本市机关事业单位要组织开展一系列形式多样、内容丰富的敬老节活动。现就组织开展好“敬老节”活动提出如下意见：

一、充分认识做好老龄工作的重要意义（略）

二、开展敬老节活动的主要内容（略）

（一）开展走访慰问活动（略）

（二）开展主题征文活动（略）

（三）开展形式多样的展示活动（略）

（四）开展文艺汇演活动（略）

（五）开展适合老年人的健身运动（略）

（六）举办形势报告会（略）

（七）开展城市观光、表演观赏、健康体检活动（略）

三、组织开展敬老节活动的基本要求（略）

各级人事、退管部门，要本着与时俱进、开拓创新的精神，根据各自情况，结合上述主要活动内容，因地制宜地开展敬老节活动，让广大老同志充分感受党和政府的关爱，度过一个欢乐祥和的节日。敬老节活动可以集中一个或几个时段开展，既要保证效果，也要确保安全。各级人事退管部门领导要高度重视，精心组织，认真实施，以敬老节活动为契机，使机关事业单位退管工作水平再上一个新台阶。

上海人事局（章）

2007年9月10日

【简析】

这是篇活动安排意见，全文围绕“敬老节”活动主题，采用条款式写法，就如何开展活动提出了具体的意见，内容全面，主题突出，结构规范。

【例文二】

关于建立新型农村合作医疗制度的意见
卫生部　财政部　农业部

（二〇〇三年一月十日）

建立新型农村合作医疗制度是新时期农村卫生工作的重要内容，是实践“三个代表”重要思想的具体体现，对提高农民健康水平，促进农村经济发展，维护社会稳定具有重大意义。根据《中共中央、国务院关于进一步加强农村卫生工作的决定》（中发〔2002〕13号），提出以下意见。

一、目标和原则

新型农村合作医疗制度是由政府组织、引导、支持，农民自愿参加，个人、集体和政府多方筹资，以大病统筹为主的农民医疗互助共济制度。从2003年起，各省、自治区、直辖市至少要选择2~3个县（市）先行试点，取得经验后逐步推开。到2010年实现在全国建立基本覆盖农村居民的新型农村合作医疗制度的目标，减轻农民因疾病带来的经济负担，提高农民健康水平。

建立新型农村合作医疗制度要遵循以下原则：

（一）自愿参加，多方筹资（略）

（二）以收定支，保障适度（略）

（三）先行试点，逐步推广（略）

二、组织管理（略）

三、筹资标准（略）

四、资金管理（略）

五、医疗服务管理（略）

六、组织实施（略）

建立新型农村合作医疗制度是帮助农民抵御重大疾病风险的有效途径，是推进农村卫生改革与发展的重要举措，政策性强，任务艰巨。各地区、各有关部门要高度重视，加强领导，落实政策措施，抓好试点，总结经验，积极稳妥地做好这项工作。

【简析】

上述意见结构严谨，主题突出，围绕建立农村新型的合作医疗制度的一系列重要问题，提出了系统的建设性的意见和建议。此文报到国务院后，迅速得到批准。2003年1月16日，国务院办公厅在向各省、自治区、直辖市人民政府，国务院各部委、各直属机构转发该意见的通知中明确指出《意见》“已经国务院同意，现转发给你们，请认真贯彻执行。”

4. 文种区别

同是平级行文，在什么情况下应用平行的意见？在什么情况下又应当使用函？

不相隶属的机关之间互相行文，对涉及某一主要问题所提出的见解和处理办法，如属供对方参考而不需要回复时，应当用意见；如需对方回复，则要用函。

（三）纪　要

1. 文体知识

纪要适用于记载会议主要情况和议定事项。会议纪要在行文关系上，可采取转发（印发）或直接发出的形式，类似于通知，发给下级贯彻执行；也可报送给上级，类似于会议情况报告，向上级反映情况；还可发给平级机关，类似于函，使对方知晓，相互沟通情况。是一个行文方向十分灵活的文种。

会议纪要的特点：

（1）内容的纪实性。“纪”即记载，会议纪要对会议情况的记载必须坚持真实性原则。

（2）写作的纪要性。“要”即要点。会议纪要记载会议情况并非像会议记录那样原原本本、有言必录，而是对会议文件、会议记录等会议的全部材料进行整理、归纳、概括，择其概要而记之。所以，会议纪要只能形成于会议结束之后。

（3）作用的知照性。知照作用是会议纪要最基本的作用。无论是向下传达会议精神，向上汇报会议情况，还是向有关方面通报会议内容，或者作为会议资料留待日后查考，会议纪要第一个作用就是让阅文者了解会议情况。

会议纪要按会议的形式可分为：工作会议纪要、座谈会议纪要、办公会议纪要、联席会议纪要、协调会议纪要等；按纪要的内容性质可分为决议性会议纪要、部署性会议纪要、情况性会议纪要等。

2. 写作方法

会议纪要一般由标题和正文两部分组成。

（1）标题。

会议纪要的标题由会议名称和文种组成，如《××工程学院新增本科专业培养计划研讨会议纪要》。

标题下面以会议结束的日期作为成文时间。

（2）正文。

通常由导言、主体、结尾三个部分组成。导言一般交代会议基本情况，如会议背景、依据、时间、地点、主持者、与会人员以及中心议题等。主体写会议的主要精神、研究的问题、讨论的意见、提出的任务要求等。常用的写法有综合归类法、分项罗列法等。结尾一般发出号召、提出希望等内容。有的会议纪要不需要写结尾，这要根据具体情况而定。

3. 写作范例

【例文一】

××省人民政府办公厅关于食糖储备工作会议纪要

（×年×月×日）

×年×月×日，省政府办公厅召集省计委、经贸委、财政厅、工商银行研究了省级食糖储备问题。秘书长××同志主持会议。参加会议的有×××、××等同志。现将会议确定事项纪要如下：

一、为保证我省市场消费和轻工食品生产正常进行，加强对食糖的调控能力，一致同意建立省级食糖储备制度。

二、省级食糖储备暂安排2吨，由省糖酒茶叶公司落实货源。

三、食糖储备资金6000万元，由省糖酒茶叶公司自筹500万元，省工商银行贷款5500万元，贷款指标近期予以安排。

四、储备费用年需730万元由省财政厅和代储企业共同承担。其中，省财政拨付一部分资金作为铺底资金，周转使用。省级储备糖坚持全年储备和季节性更新相结合，销售差价部分先抵补储备费用。如有节余，除适当留给储备单位作留利外，主要用于充实储备资金。如出现亏损，先从基金中补贴，超过部分由省糖酒茶叶公司负担。

【简析】

这篇会议纪要的导言部分非常简要地介绍了会议的基本情况，主体部分包括了会议研究确定的四项主要内容。全文层次分明，任务明确具体。

4. 文种区别

（1）会议纪要与会议记录的异同。

会议纪要与会议记录虽然都是会议情况的反映，但会议记录产生于会议过程中，是对会议发言、会议原始情况的客观记载，只供内部考察使用；会议纪要则产生于会议结束之时，是筛选、整理、提炼包括会议记录在内的会议材料、归纳概括会议情况而形成的正式文件。

（2）会议纪要与会议简报的异同。

两者虽然都是对会议情况的整理概括，但会议简报在会议期间可发若干期，每期只反映会议某个阶段或者某一方面的情况，也可包括对所反映情况的议论和看法，供与会代表或相关人员参考，其只具有参考性而无约束力；而会议纪要只有一份，反映的是会议的基本情况，是会议的全貌。会议纪要必须客观忠实地叙述会议情况，不可加以评论。会议纪要在具有知照性的基础上，往往还具有指挥相关工作的权威性。

学与练

一、选择题

1. 在下列行文中，适宜于平行或不相隶属机关使用的是（　　）

A. 函　　B. 意见　　C. 报告　　D. 批复

2.《××广播局关于向××国土局申请划拨建设电视转播台用地的请示》，该标题主要的错误是（　　）

A. 违反报告不得夹带请示的规定

B. 违反应协商同意后再发文的规定

C. 错误使用文种，应使用函

D. 错误使用文种，应使用报告

3. 下列不属于会议纪要特点的一项是（　　）

A. 具有一定的约束力　　B. 周知性

C. 顺时实录式　　D. 外发性

4. 下列说法中正确的是（　　）

A. 意见的行文机关没有限制

B. 会议纪要具有原始记录性

C. 意见可上行、下行，也可平行

D. 会议纪要正文常用的写法是详细记录法

5. 下列会议纪要的标题，正确的是（　　）

A. 全省政法工作会议纪要

B. 会议纪要

C. ××市教育局会议纪要

D. ××学院思想政治工作会议纪要

6. 下列属于发函尾语的是（　　）

A. 盼复　　B. 特此函复　　C. 请予函复　　D. 此复

7. 函的使用范围包括（　　）

A. 不相隶属的机关单位　　B. 不相隶属的上下级机关

C. 上下级之间的业务指导　　D. 同一系统内的平级机关之间

二、意见的行文方式有什么特点？

三、根据下列材料，拟写公文

1. 晋江经贸职业技术学院这几年发展很快，招生规模越来越大，原有的教学楼、学生宿舍楼已经明显不够用，管理上困难很大，学生意见也很多。学院领导决定就地对原有的教学楼、学生宿舍楼翻新扩建，目前这个项目已经报批，资金也到位了，但项目涉及五株大白杨树需要砍伐。现请你就此事向晋江市园林局拟写一份请求批准的公文。

2. 根据题1材料，请你以晋江市园林局的名义写一份复函。

第三章　事务应用文

第一节　便条　单据

（一）便　条

1. 文体知识

（1）便条的概念。便条是一种具有一定格式、内容单一、书写简便、使用广泛的条据类应用文，是人们用于办理临时性事务的一种最简便的书信。相对于书信而言，它的使用比较随便一些，往往用于非正式场合。在日常生活中，有些事要向对方说明、介绍，或请对方办理，有时无法当面讲但又必须告诉的，或者出于手续上的需要，要留作依据的，都可以用便条这种形式。

（2）便条的分类。便条的使用范围极广，一般常用的便条有请假条、留言条、托人办事条、邀请约会条等。

2. 写作方法

不同种类的便条的写法基本相同，格式大致与书信类似，通常由标题、称谓、正文、落款四部分组成。由于便条的使用范围不尽相同，日常应用中格式可灵活变通。但是，不管如何变通，任何一种便条，都必须由称呼、正文、署名、日期四个部分组成。

（1）标题。

便条的标题可有可无，但是写请假条时，习惯上要写标题，即在称谓的上一行居中写上“请假条”字样。

（2）称谓。

称谓写在标题的下一行，要顶格写上收便条人的称呼，并在称谓后加冒号。一般称呼不用加客套语，除非对年长者，如“××先生”等。

（3）正文。

另起一行空两格写正文。

请假条的正文一般要写清请假原因和请假期限，正文结尾写上诸如“此致敬礼”之类的致敬语，有时也可以不写。请病假有医生证明的，可在正文后另起一行写上“附：医生证明。”的字样，然后把医生证明与请假条一起交给对方。请假条一般由请假人本人书写。如有特殊情况，比如请假人在异地，则可委托他人代为请假，在请假条上应以第三人称出现，并应写上代请假人的姓名，有的还要写明与请假人的关系。

留言条正文的内容随留言的具体事项来确定，正文结尾一般不写致敬语。比如：走访别人未遇，一般要写明来访目的、未遇心情以及希望与要求；如果以前没有交往，还要作自我介绍。

委托别人办事的便条应把事情交代清楚，以免给对方造成麻烦。托人购物，要详细写清要求；托人送物也得交代明白，以免误事。写托人办事条还得讲究礼貌，致谢语必不可少。

（4）落款。

落款写在正文的右下方，包括署名和日期两项。署名的方式视写给的对象而定，署名的下方要写明成文的日期。

3. 写作范例

【例文一】

请假条

王老师：

今天家母突然重病住院，父亲又公出在外，需我前往医院护理，特请假一天。

此致

敬礼

学生李小明

2008 年 3 月 5 日

【简析】

这是一则事假条，写明了请假的事由和请假的时间。如果是本人的病假条还需要附上医院证明。

【例文二】

留言条

小张：

我有急事外出一会儿，约二十分钟左右回来，你来后请稍候。

李林

即日

【例文三】

托人办事条

赵兄：

请代购《素质教育与学生作文》十本，尽快寄来，谢谢！

李小明

2008 年 4 月 18 日

【简析】

例二是一则留言条，只需交代清楚事由就行了；例三是一则托人办事条，除了把交办的事情说明白外，还要写上敬语和致谢语。

（二）单　据

1. 文体知识

单据是人们在处理财务、物资或事务来往时，写给对方作为凭据或有所说明的字据，属于凭证性条据。

单据的主要类型：

（1）借条：借条是借钱或物品时写给对方的一种凭证，以供对方保存查考。等所借钱或物品归还时，应收回或销毁原来所写的借条。

（2）收条：收到单位或个人送来的钱或物品，应写张单据给对方作为凭证，这种单据叫收条，也可叫收据。

注意：如所收钱或物品本来是由甲方借出的，那么甲方应出示乙方写的借条，还给对方或当面撕毁。这时甲方不必写收条。如甲方不在，别人代收，代收人应写收条或代收条给乙方。

（3）领条：从单位或个人处领到钱或物品时，写给发放人的留存单据，就是领条。

（4）欠条：借钱或物品，到期不能全部归还，应收回原借条，另写一张单据，约定在一定期限内归还尚余部分。这样的单据叫欠条。

注意：欠条的特征是原来借的钱或物品，已还清一部分，尚余部分要在新商定的期限内归还。因此，不能与借条混淆。

2. 写作方法

单据由标题、正文、落款三部分组成。

（1）标题。

标题写在正文上方中间的位置，表明单据的性质，如“借条”“收条”等。

（2）正文。

开头空两格，一般用“今借到”“今领到”“今收到”等开头；应写清对方的名字或名称，以及所涉及钱物数量、原因等。在正文后直接写或另起一行空两格写“此据”二字，“此据”不宜与正文相距太远（以免被随意添加其他内容），一般不留空行。

（3）落款。

正文右下方写明出据者的姓名或单位名称（盖章），署名下方写明日期。

注意事项：

① 字迹清晰工整，只能用钢笔、签字笔或毛笔写，不能用铅笔或圆珠笔写；只能用蓝色或黑色笔书写，不能用红笔或其他易褪色笔书写。

② 表示钱物往来数量的数字要用大写，款项金额要注明币种，如“人民币”，金额后面要加上一个“整”，且要写在同一行，以防涂改。财物数额大写如下：零、壹、贰、叁、肆、伍、陆、柒、捌、玖、拾、佰、仟、万、亿。

③ 借条或欠条中必须写清归还日期，以免无理拖延。

④ 单据写成后，不可涂改。如需更改时，应由出具单位或个人在改动处加盖公章或私章，以表示负责。

3. 写作范例

【例文一】

借　条

今借到总务科录音机壹台，供先进报告大会录音使用。会后立即归还。

经手人　王晓山

2012 年 12 月 8 日

【例文二】

收　条

今收到 2006 机械中专 1 班交来救灾款人民币伍佰捌拾叁元肆角；课外读物叁拾本。此据。

学生科　张红（签名盖章）

2008 年 5 月 15 日

【简析】

例文一的标题用“借条”，那么正文开头要有“今借到”字样。如用“今借到”作为标题，则正文开头可直接写对方单位或个人名称。

所借钱物的数量用汉字大写数字。

【例文三】

领　条

今从总务科领到工作服叁拾伍套，手套叁拾伍副，供学生实习使用。

2011 高职班张宁
2012 年 3 月 30 日

【简析】

标题是“领条”，那么正文的开头就要写上“今领到”的字样。

【例文四】

欠　条

2011 机械中专 2 班原借学校图书馆各类杂志伍拾陆册供阅读，现已归还伍拾壹册，尚缺伍册，下周还清。

经手人　2011 机械中专 2 班　王喜
2012 年 12 月 8 日

【简析】

欠条的特征是原来借的钱或物品，已还清一部分，尚欠部分要在新商定的期限内归还。因此，不能与借条混淆。

学与练

1. 小明的妈妈生病了，小明需要在家照顾妈妈一天，他要向老师请假，他应该怎么写？

2. 刘畅星期六到她的好朋友马征家里去，想同她一起逛书市，买本修订版的《现代汉语词典》。不料马征到她姥姥家去了，于是刘畅决定第二天再约马征一起去买书。请你以刘畅的口气替她给马征写一个留言条。

3. 方明的同事小董要到北京出差，方明想请他为方明的母亲买两盒北京果脯和一只北京烤鸭，请你代方明写一张托人办事条。

4. 指出下面便条的错误。

(1) 乔刚同学因感冒需要休息一天，于是他就给班主任李艳写了一张请假条。

李艳老师：

学生乔刚因感冒请假一天。

(2) 在北京工作的小李上班后得知临时有事要到上海出差，她回家收拾东西时妈妈正好不在家，就给妈妈写了一个留言条：

妈妈：

我走了，你多保重。

女儿

5. 分别指出下列单据的错误。

(1)：

今领到

校总务处发的黑板擦、粉笔、扫帚、盆子、桶、毛巾等。

2011 级机械中专班

2012 年 9 月 8 日

(2)：

今借到

我校财务科人民币 370 元整，半年后还清。

此据

秦大民

6 月 8 日

(3)：

教务处：您们好！

今向你处借用笔记本电脑一台，话筒二个，团组织搞活动用，三天后归还。谢谢。

此致

敬礼

校团委（公章）

2012 年 12 月 8 日

6. 2012 级中专 1 班的童曼开学时为班级从校图书室借了小说 40 本，期中考试后还了 15 本，余下的期末归还。请你代她写一张欠条。

7. 教务科的王平老师收到 2012 级中专 2 班交来的 400 元资料费，请你替她给这个班的同学打一张收条。

第二节 证明信 介绍信

(一) 证明信

1. 文体知识

证明信是单位、团体或个人用来证明某人的身份、经历、学历或某件事情真实性的一种专用信件。

证明信从内容上看，可以分为旁证材料证明信和身份证件证明信两种；从出具人来看，可以分为单位、团体出具和个人出具两类。

写作证明信，态度一定要认真，实事求是，用词不能含糊不清、模棱两可，所证明的事情必须要证据确凿，言必有据，不能夸大或缩小，更不能弄虚作假。

证明信的内容不能涂改。倘若出于正当原因（如原文笔误等）需要修改，须在涂改处加盖印章（个人出具的证明信加盖私章，单位或团体出具的加盖公章）方才有效。

2. 写作方法

证明信的格式一般分为以下五个部分：

(1) 标题。

标题写在首行正中，可直接写成“证明”或“证明信”，也可写成“关于×××问题的证明”。

(2) 称呼。

在标题下一行，顶格写收信人（单位）的名称，并加上冒号。有的证明信开头不写收信人（单位）名称，而在正文结尾处换行空两格写“此致”，再换行顶格写收信人（单位）名称。

(3) 正文。

正文在称呼下一行，空两格书写。正文内容应根据对方的问题或提出的要求有针对性地回答。内容比较复杂的证明信，可分条书写。一般不要过多地叙述过程，只需把情况介绍清楚就行。有些关于某次事故、因某种原因受处分等的证明信，则最好把当时的处理依据讲清楚，以便对方分析研究。写完需要证明的问题后，另起一行空两格写上“特此证明”即可。

(4) 署名。

正文写完后，换行，在正文的右下方写出具证明信的单位（团体）名称或个人姓名。如是单位（团体）出具的证明信，还需要在名称上加盖公章。

（5）日期。

发信日期写在署名下方，年、月、日要齐全。如是单位（团体）出具的证明信，则加盖公章时应将署名和日期两项内容覆盖。

3．写作范例

【例文一】

证明信

××报社：

贵报社记者×××同志原任我社主编，任期内工作积极主动，认真负责，有较强的业务能力。

特此证明

×××杂志社（公章）

×年×月×日

【例文二】

证明信

我乡干部×××同志，男，满族，现年45岁，前往洛阳等地购买农机具，希沿途交通、服务部门予以接洽。

特此证明

××省××县××乡政府（公章）

×年×月×日

【简析】

这是两封单位出具的证明信，内容明确清楚，文字简洁明白、格式正确。例文二是作为身份证件使用的证明信，所以在正文中写清单位名称、姓名、性别、年龄、沿途经过、工作任务、希望和要求等内容。

学与练

（1）什么是证明信？证明信一般可分为哪几类？

（2）写作证明信时应注意些什么？

（3）证明信的格式包含哪几部分？

（4）班上李亮同学学生证遗失，需要重新办理，请你以班集体的名义为他出具一份证明。

（二）介绍信

1．文体知识

介绍信是单位、团体派人到其他单位联系工作、了解情况或参加各种社会活动时使用的一种函件，一般有书信式和填表式两种。

介绍信可以使对方了解来人的身份和目的，以便取得对方的信任和支持，具有介绍、证明、联系、举荐的作用。使用时应注意不能将盖有公章的空白介绍信发给外出人员自行填写；一份介绍信只用于一个单位；重要介绍信要经过相应级别的领导人批准并在存根上签字后才能开出；存根或底稿的内容要同介绍信正文完全一致，要写得简明扼要，与此无关的不写；书写要工整，不得任意涂改，如有涂改，涂改处须加盖印章方可有效。

2．写作方法

填表式介绍信是事先印好格式，使用时只需在空白处填写有关内容即可的一种介绍信。这种介绍信一般都有编号，并留有存根，便于查存。

书信式介绍信一般用印有单位名称的信笺书写，格式上包含标题、称呼、正文、落款四个部分。

（1）标题。

标题写在首行正中，直书“介绍信”。

（2）称呼。

在标题下方换行顶格写收信单位（团体）或个人的名称，名称一般使用全称，要写清楚。有的介绍信无称呼。

（3）正文。

在称呼下方换行空两格写正文。正文需要交代清楚持信人的姓名、身份、人数、联系事项以及对对方有什么要求等。一般结尾都要写上谦敬用语，如“请予接洽”“请予协助”等，有时还需在此后写“此致　敬礼”。

（4）落款。

落款包含署名和日期、有效时间等三个要素。署名要求写明发信单位的名称，一般使用全称。落款处需要加盖印章才能生效，印章应将署名和日期两项内容覆盖。如使用填表式介绍信，则其存根与正本之间的分界处（虚线）正中也需要加盖印章。

3. 写作范例

【例文一】

填表式介绍信

<table>
<tr>
<td>介绍信（存根）
××介字第××号

××等人前往××××联系×××。

××年×月×日</td>
<td>×
×
字
第
×
×
号

盖
章</td>
<td>介绍信
××介字第××号

兹介绍＿＿＿＿＿等＿＿名同志前往你处联系＿＿＿＿＿，请予接洽。
此致
敬礼

××××（公章）
××年×月×日
（有效期×天）</td>
</tr>
</table>

【例文二】

介绍信

××公司：

兹介绍我公司销售部经理×××前往你处联系×××事宜，请予接洽。

此致

敬礼

×××公司（公章）

【简析】

例文一为填表式介绍信，格式规范，使用时只需按内容填写即可，要注意涉及人数、有效时间的数字时要使用大写。例文二为书信式介绍信，格式正确，内容简明扼要。

学与练

（1）什么是介绍信？介绍信有什么作用？

（2）介绍信在使用上应注意些什么？

（3）书信式介绍信的结构包含哪几部分？

（4）班上将派张明同学前往成都市团委联系联谊事宜，请你为张明同学出具一份书信式的介绍信。

第三节　申请书　自荐信

（一）申请书

1．文体知识

申请书是个人或团体因某种需要而向有关单位、团体、组织、部门、领导表达愿望、提出请求的专用书信。它同一般书信一样，也是表情达意的工具，使用范围十分广泛。一般一事一议，根据请求的对象和内容不同，可分为入团申请书、入党申请书、助学金申请书、困难补助申请书等。

2．写作方法

申请书一般分为标题、称呼、正文、结语、落款五个部分。

（1）标题。

标题写在首行正中，一般有两种形式：一种是只写文种“申请书”，一种是用申请的内容加上文种构成，如“入团申请书”。

（2）称呼。

称呼写在第二行，需顶格写清接收申请书的单位名称或领导人姓名，如“×××团支部”。

（3）正文。

正文要写清三项内容：

① 申请内容。要开门见山地向领导、组织提出申请什么，直截了当，不能含糊其词；

② 申请原因。要说明为什么申请，对申请事项的认识，以及自身具备的条件、优势；

③ 决心和要求。最后表明自己的决心、态度和要求，以便组织了解写申请书人的认识和情况，应写得具体、详细、诚恳有分寸，语言要朴实准确，简洁明了。

（4）结语。

申请书可以有结语也可没有。结语一般是表示敬意的话，如“此致　敬礼”等；也可写表示感谢和希望的话，如“请组织考验”、“请审查”、“望领导批准”等。

（5）落款。

落款包含署名和日期，写在正文右下方。

注意事项：

① 申请的事项要写清楚、具体，涉及的数据要准确无误。

② 理由要充分、合理，实事求是，不能虚夸和杜撰，否则难以得到上级领导的批准。

③ 语言要准确、简洁，态度要诚恳、朴实。

3. 写作范例

【例文一】

转岗申请书

尊敬的厂领导：

我是2010年8月份进厂的，担任球焊工作。在这部门，各位同仁乃至厂领导总能看见我为工作而拼搏的身影，但经过大半年下来，我越发觉得球焊不适合我，反而对品管这一工作比较感兴趣，在此我郑重向厂领导提出由球焊转入品管部门的申请。

我是一个性格爽朗，随和，很有耐心的人，工作认真，细致，勤奋。在学校曾担任班长、校纪律部长，不管学习还是工作能力都得到各任课老师以及校领导的一致好评。品管这工作正是需要一个人的仔细与耐心，它很适合我，所以对它感兴趣。爱因斯坦有句名言："兴趣是最好的老师。"兴趣对工作有着神奇的内驱动作用，能变无效为有效，化低效为高效，可以使人智力得到开放，知识得以丰富，眼界得到开阔，并会使人善于适应环境，对生活跟工作充满信心。现在我们面临着金融危机，要想相对缓解这一危机带来的损失，我认为厂领导应该让员工在自己感兴趣的职位上有所发展，这样既有利于提高个人的积极性，又能提高我厂工作效率。

我在品管工作上一定会孜孜不倦，努力工作，为厂创造高效益。

我希望厂领导能够批准我的请求，并在以后的工作中考验我。

此致

敬礼

申请人：×××

×年×月×日

【例文二】

开业申请书

××区工商管理局：

我是本区××街道××居民区的待业青年，自1999年高中毕业后一直待业在家。待业期间，我一直在自学室内装潢的专业知识，也曾拜师学艺，加强实践锻炼，现在已初步掌握了室内装潢的专业知识和技术。这两年来，本市的房屋开发事业发展迅速，许多住宅小区的建设相继竣工，广大居民乔迁新居，迫切需要进行室内装修。为此，我申请开办个体室内装修的门市部。恳请主管部门批准我的请求，尽早发给营业执照。

开业后，我保证遵守国家的政策、法令，严格按章交纳税金；对客户做到热情服务，合理收费，保证质量，使客户满意。

此致

敬礼

申请人：李××

2002 年 1 月 28 日

【简析】

这是两篇结构完整的申请书，申请的事项清楚，理由充分，语言平实简明。

学与练

（1）什么是申请书？申请书常见的种类有哪些？

（2）申请书的结构一般包含哪几部分？

（3）写作申请书时应注意的事项是什么？

（4）请你写一份申请加入学校文学社的申请书。

（二）自荐信

1. 文体知识

自荐信是向招聘单位推荐自己适合担任某项工作或从事某种活动，以便对方接受的一种专用信件，也可以说是用书信的形式向招聘单位作自我介绍，是自我推销的一种形式。

一份好的自荐信，可以给用人单位留下良好、深刻的印象，可以有助于自荐人求职成功。所以，在自荐信中，一方面，要把自荐人的特长及主要成绩写清楚，如自荐人的知识、经验和专业技能，要突出适合于所求职业的特长和个性，起到吸引和打动用人单位目的；另一方面，态度要真诚有礼，语言要谦恭而不失自尊自信，同时考虑读者对象的知识背景，用语要通俗易懂，不要用太过专业的字眼。

2. 写作方法

自荐信通常由标题、称呼、正文、结束语、落款五个部分组成。

（1）标题。

可有可无，一般可在首行居中写上“自荐信”三字。

（2）称呼。

在标题下方换行顶格写收信单位的名称或个人姓名。如用人单位明确，可直接写上单位名称，前面用“尊敬的”加以修饰，后以领导职务或统称“领导”落笔；如单位不明确，则用统称“尊敬的贵单位（公司或学校）领导”领起，一般不要直接冠以最高领导职务，这样容易引起第一读者的反感，反而难达目的。

（3）正文。

在称呼下面换行空两格写正文。正文是自荐信的核心，开语应先向对方问候致意，写上“您好”或“你们好”。

正文的主体部分在构思上一定要围绕“为何荐”、“凭何荐”、“怎么荐”的思路安排，一般包括简介、自荐目的、条件展示、愿望决心等内容。

简介是自我概要的说明，包括自荐人姓名、性别、民族、年龄、籍贯、政治面貌、文化程度、校系专业、家庭住址、任职情况等要素，要针对自荐目的作简单说明，不用冗长繁琐。

自荐目的要写清信息来源、求职意向、承担工作目标等项目，要写得明确具体，但要把握分寸、简明扼要，既不能要求过高又不能模棱两可，给人留下自负或自卑的不良印象。

条件展示是自荐信的关键内容，主要应写清自己的才能和特长。根据所求工作的应知应会要求，充分展示求职的条件，有特殊技能的要加以强调。

愿望决心部分要表示加盟用人单位的热切愿望，展望用人单位的美好前景，期望得到认可和接纳，言辞要自然恳切，不卑不亢。

（4）结束语。

结束语一般在正文之后按书信格式写上祝语或“此致　敬礼”“恭候佳音”之类语句。

（5）落款。

包含署名和日期。署名应是自荐者本人。

注意事项：

① 自荐信后应附上有关资料，如毕业证书、学位证书、职称证、身份证、获奖证书、学校的推荐信、个人履历表、发表的文章、科研成果等，并写清附件的名称和件数。

② 言简意赅，切忌面面俱到。应在重点突出、内容完整的前提下，尽可能简明扼要，不要陷入无关紧要的说明中，并多用短句，每段只表达一个意思。因为专司招聘的工作人员多半工作量大，时间宝贵，不可能花太多时间在你冗长的简历上。过于冗长，会招致招聘人员的反感。

③ 在落款处要写清回函的联系方式、邮政编码、详细地址、信箱号、联系电话等。

3. 写作范例

【例文一】

自荐信

尊敬的经理先生：

您好！

贵公司为实现管理现代化，拓展新领域，更上新台阶，与国际经济接轨，特向社会公开招聘各部门高、中级管理人才，其中需招文秘人员 3 名，使我怦然心动。

我是××大学汉语言文学专业 2000 届毕业生，获学士学位，毕业后在××厂工会工作，与所学专业不对口。我喜欢搞文秘工作，特向贵公司应聘求职，以期发挥我的专长。

我在大学学习期间，曾担任学生会宣传委员。我喜爱文学，喜欢写作，曾在校刊和省市各种报刊上发表过十余篇作品，有一定的写作能力，对文秘知识也有一定的研究；同时，我具有一定的电脑知识，会使用电脑打字；我的英语水平达到四级。为此，我愿意站在应聘行列，接受你们的考查和挑选。如果我是一个幸运者，我将有信心接受新的工作岗位的考验。我会服从领导，虚心学习，尽快熟悉工作，提高业务能力，与同事们通力合作完成任务，为公司的兴旺发达竭尽全力。

尊敬的经理先生，我期待着能跨进贵公司的大门。

此致

敬礼

××市××厂工会

王××　谨上

二〇〇二年四月五日

【例文二】

自荐信

尊敬的老师：

您好！

我叫××，今年十八岁，是来自四川省××高级中学的一名高三学生。感谢您能在百忙中抽出时间看完我的自荐信。

贵校历史悠久，文化底蕴深厚，教学资源丰富，学术氛围良好，每年为国家和社会培养出许多杰出人才，是国家教育部直属的“211”工程和“985”工程重点建设大学，有许多专业在国内都名列前茅。我的许多师哥师姐在填写志愿时都不约而同的选择贵校为第一志愿。我也渴望能在明年夏天拿到贵校的录取通知书，成为贵校的一名学生，在贵校深造，以期成为一名对社会、对祖国有用的人才。我希望这次自主招生考试能够改变我的人生轨道，让我投入到贵校的怀抱。

我想，我拥有这样的资格。

我来自××高中理科实验班，在这个高手如林的班级中，我的学习成绩总能略占上风。这样的成绩，让我稳稳扎根于全校学习成绩前列中。事实上，我的潜力还很大，我的分数还有升值空间。我对问题的深入分析，对知识的熟练掌握并没有完全反映在我的卷面上。有很多时候，我的答案正确，但解题过程并没有被阅卷老师所理解。有时候，过程明晰，但结果却因一个微小的错误而与正确答案失之交臂。我选择贵校，正是认可贵校既注重过程，又重视结果的人才培养方式。我认为我个人很适合在贵校接受教育。

我是学理科的，做事讲究有理有据，我不只是重视智商。在开发大脑智力资源的同时，我也非常注重情商的发展。我在高一的时候就担任数学课代表，那个时候我每天收、发作业，帮助老师完成教学任务。高二文理分班，又被同学们推举为生物课代表，在学习之余，我也经常帮助那些生物较弱的同学，给他们解释疑难题目，我因此受到同学们的欢迎，被多次评选为“三好学生”。我积极参加班级活动，曾编排历史剧《虎符》、《雷雨》，受到同学们热烈好评。在学校组织的辩论大赛中，我帮助本班，六战全胜，挂起了“第一名”的锦旗。在我看来，高中生应该德、智、体、美全面发展，高中培养出来的不仅仅是拥有大量知识储备的“材”，更应该培养出的是能充分灵活运用自己知识储备的“人才”。我的高中目标不仅仅是考入像贵校这样的名牌大学，以后衣食无忧，更重要的是成为一名有思想、有道德、有知识、有技能的全方位高素质人才。我想让自己投入到轰轰烈烈的祖国现代化建设中去。我不想变成一个空有满腹经纶，却没有什么作为、碌碌一生的人。

我对文学的爱好，让我的眼界更宽广，让我的思维更加广阔。我在省、市报刊发表过十多篇作文，在××原创文学网站有我好多文章。我想一棵大树，不管有多么大，它的根总是深深扎在大地里的。文学的根就深植于我国悠久的传统文化中。我喜欢《西游记》，尤爱《三国演义》，酷爱《红楼梦》。我爱《三国演义》的简爽干练，我喜欢《红楼梦》的温柔可人。读到诸葛亮陨落五丈原，总有无限哀叹；读到林黛玉临终前那竭尽全力的一句“宝玉，你……”，总忍不住替她接一句“宝玉，你好狠心。”然后心痛不已。我想，《三国演义》教会我用怀疑的眼光看问题，而《红楼梦》教会我用理想的眼光去解决问题。我用传统名著，在理想与现实之间构建统一的桥梁。

令我颇为自豪的还有奥赛上的成绩。怎么说呢，成绩不是最好，但足以令我引以为荣。高一的时候，我就参加了化学竞赛，获得了市三等奖。当时我只是小试身手。高二，开了生物课，对生物的兴趣使我毫不迟疑的参加竞赛班的学习，全心全意投入到“生物”的广阔海洋中去。其实，那时离市赛只有十多天，距省赛仅有半个月可以准备。我如饥似渴地仅用不到十天时间就把一本六百页厚的《生物奥赛教程》啃完，同时又做了几十张的习题。功夫不负有心人，我以××市市赛第二的身份进入省赛。为迎接省赛，我自学了大学生物课程，做了近五年的奥赛试题，每天忙到深夜，一大早又急急赶到学校图书馆。那个时候学校正开夏季运动会，运动员在赛场挥汗如雨，我在闷热的房间汗流浃背。我准备得很充足，踌躇满志，势在必得，我甚至夸下海口：“争省一，保省二”，现在看来，那时的我就像一把弓，无论精神上还是体力上都张得过满，连日的疲惫像洪水一样漫过了警戒线。在乘车去××市的五个多小时的长途汽车时，晕车了，呕吐，头晕，恶心。结果，我没有把梦想带入现实，我以二分的差距与省二等奖无缘。我只得了省三等奖。当时我非常难过，为自己的付出而伤心，妈妈劝解我说：“这个努力的过程是一笔不小的人生财富。”现在看来，即使是省三等奖，在自主招生中不是也有很大的作用么？不是也帮助我向心仪的大学更靠近一步么？我觉得奥赛是我很难忘的一次经历，它让我知道了过程与结果同样重要。

我现在只是团员，正积极要求入党，因为我相信唯物主义。我非常佩服伟人毛泽东。“不到长城非好汉，屈指行程二万。”对我而言，贵校就是我心中的长城，我想，只有进入贵校，才能“英雄有用武之地”吧。期待您的认可！

此致

敬礼

自荐人：×××

××年×月×日

【简析】

以上例文格式规范，内容表述简洁明白。例文一是求职用的自荐信，自荐理由很充足，不含糊其辞，也不夸大事实，着重突出了求职者与所应聘岗位相匹配的能力。若能在文末写上大学毕业证书上、在报刊上发表的作品等附件名称和件数，效果将会更好。例文二是求学的自荐信，既从学校优势方面，也从自身能力方面较为详细的表述了求学者选择学校的理由，能较好地助推其求学成功。

学与练

（1）什么是自荐信？自荐信有什么作用？

（2）自荐信的结构包含哪几部分？

（3）学校宣传部要招聘新的宣传部长，请你根据自身情况，写一份应聘该职位的自荐信。

第四节　计划　总结

（一）计　划

1. 文体知识

计划是团体或个人对未来一定时期内的全面工作或某项工作提出指标、要求、措施、步骤、期限的书面文书。

计划的种类很多。按内容分，有生产计划、工作计划、教学计划、财务计划、科研计划、学习计划等；按范围分，有国家计划、部门计划、单位计划、科室计划、班组计划、个人计划等；按时间分，有年度计划、季度计划、月计划等。有时计划按其成熟程度和其他因素，也可称为“方案”、“意见”、“安排”、“设想”等。如果属于尚未确定的计划，可在标题后面注上“讨论稿”、“草案”等字样。

计划的特点：

（1）前瞻性。计划是为做好未来的工作和完成今后的任务而制定的，因此，需要凭借超前思维预见到工作的发展趋势，要看得广、看得远，对今后的工作做出科学的和正确的决策。

（2）明确性。计划中的任务能不能顺利完成，常常取决于措施、步骤是否恰当有力。因此，计划的目的、任务、指标、要求等一定要写得具体明确，执行计划的措施与步骤更要明确。措施应包括人力的组织动员、分工职责等等。

（3）可行性。在制订指标、任务时，要从实际出发、量力而行。定指标是一个关键性的问题，定得过高，通过努力还完成不了，就会挫伤积极性；定得过低不需要费力就可以完成，就不能激发积极性。因此，一定要从实际出发，使之切实可行。

计划的作用：

（1）计划是预防和克服学习、工作中可能发生的一些偏差、缺陷的重要手段，是建立正常工作秩序，提高工作效率的重要前提。

（2）计划是本单位、本部门进行自查和总结的重要依据。

（3）计划是领导的决策具体化，更是领导指导工作、检查工作的重要手段。

2．写作方法

计划的格式常见的有文字式、表格式，也有文字和表格兼具的。

文字式的计划一般包括标题、正文、落款三个部分。

（1）标题。

一般需要表明制订计划的单位、计划适用的期限、计划的种类。如《××港保税区管委会2009年扩大招商引资规模工作计划》、《××市2011年工作计划》。

（2）正文。

正文一般由开头、主体、结尾三部分组成。

① 开头。计划的开头主要写为什么制订计划。可以简要地说明制订计划的依据、目的，或者写明指导思想与要求，也可是结合本单位的实际而确定的今后总的工作任务要求。这部分内容要写得简要，不写空话、套话。

② 主体。计划的主体主要明确“做什么”和“怎样做”。“做什么”就是根据需要和可行性，提出本计划在期限内应完成的任务和达到的目标。“怎样做”就是要明确为完成任务和达到目标，需要做哪些工作，这些工作具体怎么做法，分哪几个步骤去完成，要一一写明完成的期限和人员分工，以及确保实施的措施等内容。一般可分条分项写。

③ 结尾。结尾就是计划的结束语。结束语可以写执行计划时应注意的事项或需说明的问题，或提出号召和希望。是否写结束语，应根据计划的实际需要灵活掌握。

（3）落款。

在正文的右下方写明制定计划的单位名称（署名）和成文时间。如果标题中已写出制订计划的单位名称，可不用署名；如果是个人计划，一般要先写单位名称再写个人姓名。成文时间写在署名的下一行。

表格式计划是用预先设计好的表格形式来体现计划的项目和内容，侧重于数字、数据，其内容基本上是固定的，直接依次填入表格内。这种写法直观性强，令人一目了然，但往往缺少步骤、措施等具体说明，所以一般多见于销售或生产部门的计划。

3．写作范例

【例文一】

××职校浅草文学社2001年第一学期活动计划

自文学社创办一年来，由于得到多方面的支持和全体成员的共同努力，已初步形成了一个指导有力、组织严密、活动有序、成员团结的课外文学社团，得到了广大师生的肯定。文学社成员活动积极、兴趣浓厚，为它的发展打下了良好的基础。

新的学期开始了，学校对进一步提高课外兴趣小组活动的层次和水平提出了新的要求。为此，我们结合文学社的实际情况，特制订下列工作计划：

一、活动的目的和要求

文学社的各项活动都必须围绕文学社“培养兴趣、吸取知识、开阔视野、交流心声、发挥才能”的宗旨，多趣味多中心多形式地展开。要求全体成员同心同德、积极认真、敢于创造，争取各项活动都出成果。

二、具体活动安排

1. 学期初，由指导老师组织大家学习学校关于进一步提高课外兴趣小组活动的层次和水平的新要求，学习兄弟学校文学社的经验，明确本学期文学社活动的目的和要求，做到人人心中有数。

2. 开设文学专题讲座，由文学社指导教师主讲，时间每两周一次，共10次。

3. 继续办好社刊，仍坚持每月出一期。克服以往社刊主题不明、文体单调的缺点，本学期分别围绕“爱祖国”、“师生情”、“我的乐园”等主题，认真选稿、组稿，仔细改稿、校对，进一步提高社刊质量。这项工作由社刊主编许××同学负责。

4. 9月份为了庆贺教师节，以“我爱老师”为主题，要求每个文学社成员为老师做一件好事。这项活动由副社长岑××同学负责。

5. 10月中旬组织文学社成员看一部电影，观后进行一次影评比赛。聘请学校有关教师组成评委会，评出一等奖1名、二等奖3名、三等奖9名，并给予一定奖励。这项活动由社长李××同学主持。

6. 11月以“我的一日”为题，进行一次作文竞赛，经指导教师评改后，将其中优秀的作品推荐给报刊，争取发表。

7. 12月为学校元旦文艺汇演排演文艺节目二三个。这项活动由副社长黄××同学负责落实。

8. 2002年1月开展评选优秀文学社成员活动（评比条件和具体办法另行文）。

2001年9月3日

【例文二】

××路果品批发市场五月份营销计划

储仓位	品种	进货量（吨）	销售总额（万元）	人均利润（万元）	人力安排（人）
1号	苹果	150	90	3.0	3
2号	香蕉	180	72	2.5	3
3号	橙子	70	22	1.5	2
4号	葡萄	50	40	1.8	2
5号	枇杷	30	30	3.0	2
6号	西瓜	100	40	2.3	4

【简析】

例文一是文字性计划，内容具体，结构完整。先简要地点明制定本计划的根据，接着分条列项地写明本计划在期限内应完成的任务和达到的目标，以及具体的要求、方法和步骤。例文二是表格式计划，简洁明了，一般适用于销售类或生产类计划。

学与练

（1）什么是计划？计划有什么作用？

（2）常见的计划格式有哪几类？

（3）计划的特点是什么？

（4）请拟写一份你的新学期学习计划。

（二）总　结

1. 文体知识

总结是单位、团体或个人对过去一段时间的工作（学习）或某项具体工作（活动）完成情况进行回顾、评价和分析研究，找出成绩与问题、经验与教训，用以指导今后工作（学习）的一种事务性应用文。在众多的事务文书中，总结是应用范围较广、使用频率较高的一类。

常见的小结、体会，也是总结，只是反映的内容较单纯，或经验不成熟，时间较短，范围较小而已。

按不同的划分标准，总结可以分为：

（1）按内容分，有学习总结、工作总结、思想总结、活动总结等。

（2）按性质分，有综合性总结和专题性总结等。

（3）按范围分，有地区总结、部门总结、单位总结、车间总结、班组总结、个人总结等。

（4）按时间分，有月总结、季度总结、半年总结、年度总结、学期总结、年终总结等。

总结的特点：

（1）回顾性。回顾过去的工作情况，将成功的经验提炼出来，以便今后加以推广；对不足之处进行理性的分析，以便今后吸取教训，采取新的措施加以改进。

（2）客观性。总结的基础和依据是客观事实，事实无误，总结出来的经验和教训才能体现出客观本质，才有正确认识和指导意义。写总结时应坚持实事求是的原则，对取得的成绩、成功的经验不夸大其词，人为地拔高，对存在的问题也不能隐瞒或轻描淡写地一笔带过。只有客观真实地进行总结，才能达到总结的真正目的。

（3）平实性。总结要概括地叙述过去的工作情况，以叙述为主要表达方式，适当的辅以议论。要求语言平实、准确。它只要用平实的语言去概述“做了哪些”、“做得怎样”就可以了，不必把事情的经过写得完整而详细，更不必进行细节描写；只要用实实在在的事例和数据统计去证明观点，不用引经据典、反复论证。

2. 写作方法

总结一般包含标题、正文、落款三部分。

（1）标题。

总结的标题可分为直接性标题、间接性标题和综合性标题三类。

直接性标题。在标题中一般写明四个要素：单位名称、时间、内容和文种名称，如《××市2000年度市政建设工作总结》，有的也省略一两项，只写时间或内容、文种名称，如《2001年度工作总结》《关于财政收支情况的总结》。

间接性标题。即在标题中不出现文种名称“总结”，但从标题中已反映出总结的内容，如《我市干部思想作风建设的成效及其存在的问题》、《××厂是怎样扭亏为盈的》。

综合性标题。采用正副标题结合的双标题，用正标题概括总结的内容或揭示中心，用副标题标明单位名称、时间、文种，如《锐意改革，不断开拓前进——××研究所2002年工作总结》《挖潜力、促效益、补损失——××厂2000年度工作总结》。

（2）正文。

正文一般由前言、主体、结尾三部分组成。

① 前言。前言又称开头，要求写得简明扼要，紧扣中心，有吸引力，先给读者一个总的印象。开头的方式有：

概述情况。先概括介绍基本情况，简要交代工作背景、时间、地点、条件。

提出结论。先明确提出总结的结论，使读者了解经验教训的核心所在。

提示内容。先对工作的主要内容作提示性的概括介绍。

作出设问。先设问，点明总结的重点，引起人们的关注。

运用比较。先对总结的有关情况进行比较、表明优劣，引出下文。

在实际运用中，以上方法常结合使用。

② 主体。主体部分主要写成绩和经验、问题和教训，内容较多，且需要对事实进行理论上的分析归纳，所以应根据实际内容和表达需要采用相应的结构形式。常见的结构形式有：

两部式。第一部分写做了哪些工作、取得了什么成绩，并归纳出主要经验；第二部分写存在的问题和今后应采取的措施。可按内容分为若干个问题，加序号或小标题分条表述。

三段式。第一段写工作的基本情况和取得的成绩，第二段写经验和体会，第三段写存在的问题和今后的打算。各段也可采用条款式结构，用小标题分别揭示各项内容的主旨。

阶段式。按时间顺序安排结构，把工作的过程分为几个阶段，再分别对每个阶段的情况进行分析总结。

③ 结尾。结尾常常写今后努力的方向，或称作今后的打算。如该项内容在主体部分已经写过，则不用再另加结尾。

（3）落款。

总结的落款，包括署名和日期，在正文的右下方分两行书写。第一行写单位名称或个人姓名，第二行写成文日期。有的总结将单位名称或个人姓名写在标题的下一行，则落款处只写日期。如需对外公开发表，则可将日期省略。

3. 写作范例

【例文一】

年度工作总结

吴××

2000年，我在××区税务局河西税务所担任税务专管员工作，主要负责所辖12户集体企业的税收征收管理工作。现将一年来的主要情况总结如下：

一、一年来的主要工作和成绩

（一）认真学习税法，熟悉税收管理制度，虚心向老税务工作者学习征管方法，业务水平和工作能力有较大提高。

一年来，我利用业余时间，结合工作实际，系统地学习了国家规定的有关税收法规、征收管理制度及工业会计、商业会计等知识，使自己依法办税的能力有了较快较大的提高。目前，我已能熟练、准确地对企业进行纳税辅导，审核企业申报的“纳税鉴定申报表”、“纳税申报表”等，正确指导和帮助企业执行和改造各项税收管理制度。针对部分企业办税员由于办税水平低、填报“纳税申报表”问题较多的情况，我专门对这些办税员进行了填写“纳税申报表”的辅导。因此，我个人的业务水平有了较快提高，在10月份区税务局组织的税收专管员业务竞赛中，我获得二等奖。

另外，我还非常注意向老税务工作者学习。凡在工作中遇到问题，我就主动向所里从事了十几年税务工作的老专管员李××求教。为了更好地向老同志学习征管艺术，从今年年初起，我在完成本职工作的基础上，经常抽出时间随老李一同下厂，观察学习他在征管工作中的工作方法。如：如何进行纳税辅导、如何查账、如何指导企业建立健全财会制度，就连他与厂长、财务科长、办税人员谈话的一举一动，我都注意观察，使我受益匪浅。我由此初步学会了怎样处理好自己与企业关系的方法，使企业主动配合自己做好税收管理工作，这对提高我的工作能力有很大的帮助。

（二）严格要求自己，热情为企业排忧解难，维护国家税收人员的形象。

在搞好征收管理工作的同时，我还尽力帮助企业排忧解难，搞好促产增收。今年第一季度，××厂成本增加，出现亏损，我发现后，多次深入该厂了解情况，和企业领导及财会人员进行认真分析，找到亏损的原因主要有两个因素：一是原材料进价高，二是原材料有浪费问题。我主动帮助企业联系购买了价格较低的原材料，并协助企业解决了原材料浪费的问题。第三季度，产品成本下降，实现利润10万余元。企业为了对我表示感谢，主动提出以咨询费的名义付给我500元，被我婉言谢绝。第三季度，我还帮助××厂解决了产品积压问题，使该企业的生产形势有了好转。除此之外，我在征收过程中，根据自己掌握的情况，经常主动向企业提一些合理化建议，有的被企业采纳，并取得了一定的经济效益。

（三）与所里其他同志团结协作，主动帮助其他同志做好工作，受到所里同志们的好评。（略）

二、几点体会

一年来，我在工作上取得了一些成绩，但也存在不少问题。如业务能力不强，征收管理水平与老税务工作者还有很大差距；对税收法规掌握不熟，时有差错发生；在一些税务文书的制作上还不够规范等。通过对一年来主要工作成绩和存在问题的总结，我有以下几点体会：

（一）税收工作是一项政策性非常强的工作，要做好这项工作，做到依法纳税，今后必须更加努力学习税法和有关的税收政策及其他经济政策。

（二）税收工作直接涉及征纳双方的利益，是一项非常敏感的工作。作为税收人员，既要依法办税，又要处理好与纳税人的关系，必须努力提高征管艺术，这也是我今后将努力钻研的问题。

（三）税收的法制化、规范化管理，是通过特定的税务文书实现的。按税收法规规定程序，熟练准确地制作各种税务文书，是依法办税的重要手段。我今后应努力提高税务文书的制作水平。

××年×月×日

【例文二】

××县公开选拔科局级领导干部工作总结

（中共××县委组织部）

今年，我县面向全社会公开选拔了21名科局级干部，这是我县认真贯彻中央《深化干部人事制度改革纲要》，全面推进党政干部制度改革的一项重大举措，是扩大干部选拔任用民主、探索富有生机与活力的新的选人用人机制的有效实践，是我县实施人才战略、参与西部大开发的重要行动。这次公选活动，在县委、县政府的高度重视和正确领导下，在各级、各有关部门和社会各界的大力支持下，经过县公选领导小组精心组织实施，达到了预期目的，取得了良好的效果，对推进我县干部人事制度改革产生了重要影响。现简要总结如下：

一、基本情况和做法

我县这次公开选拔科局级领导干部工作，从1999年5月18日开始至10月底结束，前后经历了宣传发动、报名与资格审查、笔试、面试、考察任用等五个阶段。

（一）宣传发动。县委《关于公开选拔部分科局级领导干部的意见》下发后，先通过报纸、广播、电视和互联网向全社会公布了我县公选的目的、意义、职位、范围、报名条件和办法，让社会各界了解公选、参与公选、支持公选；随后，县公选办又召集了有公选职位的单位主要负责人会议并到有关单位动员，进一步加强宣传和发动；有关部门也认真进行了动员和安排。通过宣传发动，在全县形成了良好的公选舆论氛围。

（二）报名和资格审查。此项工作从6月15日开始至7月15日结束。在县委组织部设立了报名站，并可以在网上报名，同时开通了咨询电话。共有365人报考，从报名人员基本情况来看，有以下几个特点：1. 报名人员年龄结构比较合理。40岁以下的占92%。2. 报名人员学历普遍较高。硕士研究生占8%，本科生占65%。3. 本县报名207人，占56.7%。县外报名人员有158人，占43.3%。

7月15日报名工作结束后，县委公选办对报名人员资格进行了初步审查；25日，县委公选领导小组对报名人员资格进行了终审，确定了具有参考资格的人员360名。

（三）笔试。县委公选办成立了笔试工作委员会，委员会下设制题组、考务组、宣传组、后勤保卫组。笔试试题报请省委组织部在其题库中抽取。笔试考场设在县委办公大楼，于8月20日进行了考试。根据考生成绩和公选《简章》，经县委公选办审核，产生了各选拔职位的前5位共105名面试人员。从笔试结果看，有以下特点：一是参试人员比例较高。在获得笔试资格的360名考生中，有326名考生参加了笔试，参试率达到90.5%。二是进入面试的人员结构比较合理。105名面试人员中，本县的占75.6%，中共党员占89.5%，有硕士、学士学位的占63.8%，来自党政机关的占65.6%，40岁以下的占88.7%。

（四）面试、体检。县委成立了面试工作委员会，下设答辩组、考务组、宣传组、后勤组。面试于9月6日进行。经过面试答辩和体检，按1∶2的比例，产生了42名考察人选。从面试情况看，有以下几个特点：一是面试参考率高。105名面试人选中，有96人参加了答辩，参考率达到91.4%。二是进入考察范围的人选结构比较合理。42名人选中38人为中共党员，硕士、学士学位的占66.7%，40岁以下的占92.8%。

（五）考察任用。42名人选产生后，公选办及时组织了考察，共组建了3个考察组，每个考察组负责7个职位共14名人选的考察。考察前，县委组织部进行了专门的培训，要求各考察组在考察中着重解决三个问题：一是对被考察的人选是否具备担任科局级领导干部的条件要有明确意见；二是对同一职位的两名人选谁更合适所报职位要提出意见，同时对未任用到21个公选岗位上，但具备科局级干部条件的人选，也一并提出具体使用意向；三是对进入考察范围，暂不具备提拔条件的人选，也提出具体使用意向。各考察组对考察对象进行了考察公告，并对同一职位的两名人选都提出了使用建议意见。根据笔试、面试和考察情况，经县委研究，产生了21个公选职位的人选，同时还另外引进了8人到我县工作。

二、主要体会

公开选拔科局级干部在我县尚属首次，这项工作涉及面广、环节多、要求高、程序严，社会各界十分关注，工作难度很大。这项工作能够取得圆满成功，得到社会各方面的充分肯定，我们的体会是：

（一）领导高度重视。早在去年初的机构改革中，县委就决定拿出部分科局级领导岗位面向社会进行公开选拔，县委常委会议对此进行了专题研究和部署。

（二）组织工作严密。根据县委要求，县委组织部对我县公开选拔科局级领导干部工作方案进行了精心设计，先后到我县各部门进行了调查研究，并派专人赴兄弟县市参观考察公选工作。通过充分酝酿和广泛征求意见，制定了《××县公开选拔部分科局级领导干部工作总体方案》。根据《公选总体方案》，县公选办制定了《××县公选工作流程表》，把公选工作划分为五个阶段，并根据各个阶段任务要求，从时间、人力、财力和物力上都进行了合理分配和调度。对每个阶段也都提前制定了具体操作办法，确保公选各项工作环环相扣，有条不紊地进行。

（三）努力体现公开、公平、公正。着重抓了五个方面工作：1. 精心组织考试。制定了《笔试工作总体实施方案》、《面试工作总体实施方案》，成立了笔试工作委员会和面试委员会，在考试组织、考场设置、考生身份确定等所有重要环节都严格按照考试要求进行。2. 严把考试命题质量关。在笔试和面试试题命制这个关键环节上，采取了笔试和面试试题在省委组织部题库中抽取，并针对我县实际，聘请有关专家适当调整的做法，确保了试题质量和覆盖面。3. 严把考试保密关。一是对试题命制进行全过程监督。二是对命制试题场所进行了全方位封闭。三是在面试前将所有考生封闭在候考室，规定考生只出不进，采取严格隔离措施。4. 严把回避关。《公选简章》明确规定县委组织部干部不得参加报名。在笔试、面试、体检各个环节，严格执行回避制度，确保了所有考生公平竞争。5. 严把监督关。一是确保在公选报名、资格审查、笔试、面试等所有阶段都有县纪委参加监督；二是始终将公选工作置于社会各界和广大干部群众的监督之下。

（四）注重宣传发动。在这次公选中，我们对每一个阶段工作都制定具体的宣传发动方案，突出重点进行宣传。

三、主要成果与收获

（一）打破了人才部门所有的封闭状态，拓宽了视野，发现了一大批人才。这次公开选拔，面向社会打开了选人用人大门，冲破了人才部门所有、单位所有的束缚，为广大干部提供了施展才华的广阔空间。从公选实际结果看，也充分体现了干部来自五湖四海，人才资源合理配置的要求。与此同时，通过公开选拔，进一步拓宽了组织部门选人视野和识人渠道。

（二）更新了用人观念，增强了干部竞争意识，确立了正确的价值导向。这次公选，对各级党组织和全县广大干部群众所产生的影响是深刻的、广泛的。一方面，它促使组织人事部门在干部选拔任用观念上，由封闭式选人向开放式选人转变；另一方面，它促使广大干部由单一被动地接受组织挑选，向通过自身努力与组织选拔相结合的双向选择转变，改变了干部升迁调动只有组织安排的单一形式，从而激发了广大干部的参与和竞争意识，在社会上形成了积极向上的良好风气。

（三）增加了干部工作的透明度，有利于防止和克服用人上的不正之风。公开选拔工作提高了干部选拔任用工作的群众参与程度，有利于促进社会主义民主政治建设，它是坚持党管干部原则与坚持干部工作走群众路线相结合的好形式。这项工作每个阶段都有广大干部群众参与，始终置于社会广泛监督之下，体现着发扬民主的精神，使广大干部群众对县委用人上的开放、开明、民主做法，有了深切了解，密切了党群关系。这次公选工作的每一步，始终都坚持公平、公正，凭真才实学和工作实绩取人。这有利于激励广大干部把主要精力和注意力投放到学本领、干事业、刻苦钻研业务和勤奋工作，为群众办实事上来。这对加强党风廉政建设，克服用人上的不正之风，具有重要作用。

（四）推进了我县干部制度改革步伐，营造了良好的改革氛围。我县这次公开选拔工作对推进我县干部人事制度改革产生了重要影响，为进一步做好干部人事制度改革工作，提供了可借鉴的经验。

1999 年×月×日

【简析】

例文一是个人工作总结，例文二是专项工作总结，两篇总结的结构有条不紊，脉络分明。正文皆由前言和主体两部分构成，主体部分采用了两部式的结构形式：第一部分写主要工作和成绩，每个方面都先用小标题揭示主旨，然后具体展开；第二部分写体会与收获。

学与练

（1）什么是总结？

（2）总结的种类根据不同的标准分别可以分为哪几类？

（3）总结的正文主体结构形式有哪几种？

（4）请写一篇《学期个人总结》，字数不少于800字。

第五节　会议记录

1．文体知识

会议记录是指在会议过程中，由专门的记录人员把会议的基本情况和会上的报告、讨论的问题、发言、决议以及各方面的意见等内容如实笔录而形成的书面材料。

会议记录是会议文书之一，机关、企业、事业单位等，各种会议都离不开会议记录。其作用在于既可作为传达、执行会议决定和贯彻会议精神的依据，也可作为今后进一步分析、研究、总结工作的重要参考材料，同时可以起到备查的作用。

根据反映会议情况和内容的详略程度，可将会议记录分为以下三类：

（1）详细的会议记录。要求对会议的全过程、会上每个人发言的原话和语态声调等作详细的记录。

（2）摘要式会议记录。这种记录不用有话必录，只需将发言人有关会议议题的讲话要点、重要数据和材料记录下来即可。

（3）重点式会议记录。这种记录不要求把会议过程和个别发言逐一记录下来，只需要提纲挈领地把会议的主要内容或会议决议记录下来即可。

会议记录的特点：

（1）原始性。一般会议记录都是由记录员在会议过程中按会议发展顺序，将发言人的讲话内容、研究认定的问题等，如实记录下来，一般不加工、整理。也有一些特别重大的会议，可借助录音先作同步实录，会后再根据录音作笔录。

（2）客观性。会议记录要求记录员坚持“怎么说就怎么记”的原则，不允许以任何方式在记录过程中掺进个人的倾向性看法，更不允许作虚假记录，任意歪曲他人发言中原话的基本含义。

（3）规范性。首先是语言文字的规范化，要把口语变成书面文字，但不得随意增删、改动，要与原意保持一致。其次是应按统一的格式记录，会议标题、会议组织情况、会议进行情况、结尾四个部分不能有遗漏。三是应使用蓝、黑墨水的钢笔作记录。四是应使用统一印制的专用会议记录本。

2. 写作方法

会议记录由标题、会议组织情况、会议进行情况、结尾四个部分构成。

（1）标题。

会议记录的标题应写在首行的正中，一般为会议名称加上“记录”二字构成，如《××公司中层干部会议记录》；也可由会议内容加上“记录”二字构成，如《××公司关于加强员工劳动关系管理工作会议记录》。

（2）会议组织情况。

会议组织情况包括时间、地点、出席人、缺席人及原因、列席人、主持人、记录人、议题等八项，应分项分行依次排列，详细记录清楚。

① 会议时间。应写清楚年、月、日、午别、时、分，如“2013 年 10 月 9 日上午 10:00～11:30”。

② 会议地点。应写清楚具体的地点，便于日后查证。如“××公司第一会议室”、“××学校团委办公室”。

③ 会议出席人。一般会议由记录员记录出席人的姓名，或写出与会人员的范围，如“××公司全体员工”、“××公司部门经理以上全体管理人员”；大型会议由代表签席人数；重要会议应由出席者亲笔签到，如公司股东大会。

④ 缺席人。应记清楚缺席人的姓名和缺席原因，如“张明（因病）”、“李清（因公出差）”。

⑤ 列席人。列席人为不属于本次会议的正式成员，但与会议有关的各方面人员。特邀列席的人员，应详细记录其姓名、职务，既可由列席人亲笔签到，也可由记录员记录。

⑥ 主持人。一般直书姓名，如有职衔，一般将职衔冠写在其姓名前。如“××市××公司人力资源总监×××”。

⑦ 记录人。应写清楚姓名，有几个记录人就签几个姓名。

⑧ 议题。议题可从会议通知、主持人开场白或会议内容的记录中归纳出来。遇有几项议题，则应分条列写。

上述内容，应在会议开始之前写好，不可遗漏；倘若会议记录要在报纸上公开发表，则可删去。

（3）会议进行情况。

会议进行情况包括主持人的开场白、主题报告、讨论发言、决议等四项内容。这是整个会议记录的重点部分。

① 主持人的开场白。这是了解会议意图的主要依据，应着重记录。

② 主题报告。这是会议的核心。如中心发言者有书面讲话稿，则应记录其报告的题目，并注明“原文见附件”；如中心发言者没有书面发言稿，则应记下其发言的要点。

③ 讨论发言。按发言顺序将每个发言人的姓名及发言内容记录下来。发言人的姓和名应齐全，职务可在姓名后加小括号注明，如“王家亮（部门经理）”。

④ 决议。会议最后如形成决议，则应对决议进行梳理后概括清楚，分条列写。决议有时可从主持人的总结讲话中记录下来，有时则需要根据表决发言的内容加以归纳概括。有些会议经过讨论，暂时议而不决，则应在记录时注明“暂不决议”，以交代本次会议的结果。

（4）结尾。

会议记录的结尾包括结束语和署名两项内容。

① 结束语。会议进行情况记录完毕后，应另起一行空两格写“散会”或“休会”，以示记录已结束。

② 署名。会议记录经记录员过目或稍作文字整理和补充后，在“散会”的右下方签上记录人的姓名，交主持人过目后签上主持人的姓名。

3. 写作范例

【例文一】

××市城南开发区管委会办公会议记录

时间：××××年××月××日上午8：00至11：30

地点：管委会会议室

主持人：李××（管委会主任）

出席者：杨××（管委会副主任）、周××（管委会副主任）、李××（市建委副主任）、肖××（市工商局副局长）、建委和工商局有关科室人员、街道居委会负责人。

列席者：管委会全体干部

记录：邹××（管委会办公室秘书）

讨论议题：

1. 如何整顿城市市场秩序。

2. 如何制止违章建筑、维护市容市貌。

杨××副主任作主题报告：我区过去在上级党委领导下，各职能单位同心协力、齐抓共管，在创建文明卫生城市方面取得了一定成绩，相应的城市市场秩序有一定进步。可近几个月来，市场秩序倒退了，街道上小商贩逐渐多起来，水果摊、菜担、小百货满街乱摆……一些建筑施工单位沿街违章搭棚，乱堆放材料，搬运泥土撒落大街……这些情况严重地破坏了市容市貌，社会各界反应很强烈。因此今天请大家来研究：如何整顿市场秩序？如何治理违章建筑、违章作业……

讨论发言（按发言顺序记录）

肖××：个体商贩不按规定到指定市场经营，这主要是因为管理不力、处理不坚决，我们有责任。我们要重新宣传市场有关规定：座商归店、小贩归点、农贸归市……工商局全面出动抓，也希望街道居委会配合，具体行动方案我们再考虑。

罗××（工商局市管科科长）：市场是到了非整顿不可的地步了。我们的方针、办法都有了，过去实行过，都是行之有效的。现在的问题是要有人抓、敢于抓，落到实处。……只要大家齐心协力，问题是能够解决的。

秦××（居委会主任）：整顿市场秩序我们居委会也有责任。我们一定发动居民配合好，制止乱摆摊、乱叫卖的现象。

李××（市建委副主任）：去年上半年创建文明卫生城市时，市里出过7号文件，其中规定施工单位不能乱摆战场。工棚、工场不得临街设置，更不准侵占人行道。沿街面施工要有安全防护措施……今年有些施工单位不按规定，在人行道上搭工棚、堆器材。这些违章作业严重地影响了街道整齐、美观，也影响了行人安全。基建时挖出的泥土，拖斗车装得过多，外运时沿街撒落，破坏了街道整洁。希望管委会召集施工单位开一次会，重申市政府7号文件，要求他们限期改正，否则按文件规定惩处。

陈××：对犯规者一要教育，二要处理。我们应首先做好宣传教育工作，如果施工单位仍我行我素，那么按文件的有关规定严肃处理，他们也就无话可说了。

周××：城市管理不能仅仅停留于规章制度上，应重在执行。职能部门是主力军，应着重抓，其他部门要配合抓。居委会要把居民特别是“执勤老人”（退休职工）都发动起来。只要坚决按7号文件办事，我们市区就会文明、清洁、面貌改观……

与会人员经地充分讨论、协商，形成以下决议：

1. 由工商局牵头，居委会及其他部门配合，第一周宣传，第二周行动，做到座商归店、摊贩归点、农贸归市，彻底改变市场紊乱状况。

2. 由管委会牵头，城建委等单位配合对全区建筑工地进行一次检查。然后召开一次施工单位会议，责令违章建筑、违章工场限期改正。力争一个月内改变面貌，对到时不改者则坚决照章处理。

散会。

主持人（签名盖章）

记录人（签名盖章）

××年×月×日

【例文二】

××市代表团第一组小组会议记录

时间：××年×月×日上午8：30～11：30

地址：第二会议室

出席人：全组代表13人

列席人：××日报社记者

主持人：刘××　　许××

记录人：李××

议题：讨论《政府工作报告》

王××代表：××县教师去年几次闹事，主要矛盾是上边给政策，下边没有钱，老师的奖金不好兑现。应当说，东辽整个教育工作在全省不算落后，最大的问题是经费问题。农村中小学除人头费外，其余费用都是由农民负担。在5%的定项限额中，拿出1~2%给教育，比例不算小，有800多万元，可是去了人头费，剩不下几个钱。去年上边要求给教师增加补贴、资金，县里拿不出钱，经多方筹措只兑现了一部分，因而引起教师不满。教师们说，教育是治国之本，教师的地位提高了，为什么连奖金、补贴还解决不了？最后财政拿出一部分，乡镇拿出一部分，学校勤工俭学解决一部分。勤工俭学一块绝大多数没有解决。越是穷的地方，问题还越多。

赵××代表：从××区的情况看，近几年教育事业发展比较快，二部制的问题解决了，倒房的问题也基本上得到解决，但是教学质量普遍不高。区内7所中学，唯有三中好一点，小学上中学非常困难。在我们那里，学生进好学校要多交钱，转学也要多交钱。好的学校超额，差的学校没人愿意去。家长对学生读书也失去了信心。条件比较好的东山校，其实那里的老师也很可怜的。有时买粉笔没钱，平时上市里开会，车票还得自己报销。靠老师们轮流在收发室卖冰棍，洗理费也只能发2元钱。

吕××代表：从1984年到1988年的5年间，全市教育经费支出2554万元，是新中国成立以来投入最多的时期，与其他各项社会事业比较，也是追加投资最多的。尽管如此，教育事业的困难还是挺多。全市不包括两县，超编教师达690人。一边是教师超编，另一边是能干的、水平高的教师又特别少。这说明教育本身的大锅饭比较严重。教师不管水平高低，能力大小，够年头就评职称，就长工资。这样不利于鼓励教师钻研业务，提高素质和水平。解决这个问题，光靠财政不行，要在教育系统进行优化组合，富余人员去开辟新的创收门路。要在实行校长负责制下，实行教师聘用制。

张××代表：目前，在教师和科研队伍中，滥竽充数的太多了。只有初中毕业学历的21岁小姑娘，也成了助理会计师，28岁的高中毕业生也得了个工程师的职称。张××代表气愤地说，和这些人平起平坐，我真想把自己的工程师证书扔了。

谷××代表：目前教育方面存在的问题比较多，也比较突出，已经引起了上上下下的高度重视。从现在教育的状况看未来是可怕的，特别是学校的思想政治工作，德育问题亟待加强。

于××、曾××代表：现在师生压力都比较大。一些年轻教师向钱看，不安心工作，学生两极分化。我们建议，要切实加强学校的政治工作，加强共青团和少先队建设。今后在招生时，对班级团、队干部的分数应适当放宽，以便调动、鼓励他们参与管理学校的积极性。希望省里在这方面作出决定。

暂不决议。

散会。

记录人：李××

主持人：刘××　许××

××××年×月××日

【简析】

这是两份摘要式会议记录。标题由单位名称、会议名称、文种名称“记录”三要素构成，表达完整而明确。会议组织情况的各个要素记录得清楚、齐全，格式规范。会议进行情况虽是摘要记录，便是发言内容的要点都能简明扼要地记录下来。例文一会上有主题报告，经过讨论，形成了决议；而例文二则无主题报告，亦未形成最后决议。

学与练

（1）会议记录有什么作用？

（2）会议记录有什么特点？

（3）一份完整的会议记录应包括哪几个部分？

（4）会议组织情况包含哪几项内容？

第六节　调查报告　简报

（一）调查报告

1. 文体知识

调查报告是写作主体有目的地对社会生活的某一事件、某一人物、某一现象、某一问题等作深入细致的实地调查，然后用科学的方法进行分析、研究，写成的反映调查结果的书面报告。其具有“调查”和“报告”的双重性质，“调查”是“报告”的基础和依据，“报告”是对调查情况综合的具体体现。在标题中常常标出“调查”、“调查报告”、“调查汇报”、“考察报告”、“纪实报告”等字样。

调查报告按调查对象和反映的内容不同可分为情况调查报告、经验调查报告、问题调查报告、研究性调查报告等；按涉及的范围大小又可分为专题调查报告和综合性调查报告。

调查报告的特点：

（1）真实性。调查报告是根据调查研究的结果写出来的，它的真正价值在于将客观情况报告出来，用事实说话。真实，是调查报告的生命。不仅要求报告中涉及的人物事件要真实，而且对事件发生的时间、地点、背景、过程、细节、原因和结果的反映都必须真实；既不能对客观事实进行缩小或夸大，也不能移花接木、张冠李戴；既不能随心所欲任意丢弃，也不能凭空想象、杜撰。

（2）针对性。社会上各行各业常常出现新情况、新问题，需要我们去研究解决，也时常会有许多好的经验需要推广，有许多新生事物需要扶持。调查报告正是通过对某一问题的调查研究，揭示矛盾，总结经验，吸取教训，指导工作，从而解决一定时空条件下的某一问题。针对性越强，调查报告的指导作用就越大，解决问题的实效性也就越大。因此，针对性被誉为调查报告的“灵魂”。

（3）事理性。调查报告注重对调查得来的材料进行认真分析、研究、归纳、综合，揭示出事物的本质，阐明事物发展的规律，对所报告的情况提出看法，表示态度，进行理性的升华；通过对事实的概括叙述和简要说明，由事及理、寓理于事，然后得出符合客观实际的结论。这一特点，也就决定了调查报告在写作上主要运用夹叙夹议、叙议结合的表达方式。

（4）典型性。调查的对象必须具有代表性，占有的材料必须是能反映事物本质的典型事例和数据，得出的结论、揭示的规律必须具有普遍性的意义，而不是个别现象和特殊例子，更不能以偏概全。只有这样，调查报告才具有对工作的普遍性指导意义。

2. 写作方法

调查报告的组成部分包含标题、正文、落款三个部分。

（1）标题。

从形式上看，调查报告的标题有单行式标题和双行式标题两种。

单行式标题又可分为直接式标题和间接式标题。直接式标题由调查事由与文种名称构成，如《关于自贡市解决群众三难问题的调查报告》，间接式标题不点明文种名称，只揭示全文的主旨，如《××市在改革开放中迅速发展成人教育》。

双行式标题的正标题直接点明主题或结论，副标题说明调查的对象、事由、文种，如《调整结构抓改造，适应市场迈大步——重庆市九龙坡区乡镇企业的调查》、《群众满意的干部就是好干部——××县群众评议干部活动的情况调查》。

（2）正文。

调查报告的正文可分为前言、主体、结尾三部分。

① 前言。也称引言、导语，是调查报告的开头部分。主要包括三方面的内容：

调查工作本身的概况，如调查的起因、目的、时间、地点、范围、对象、经过和方法。

调查对象的概况，如调查对象的背景、历史和现实状况。

调查研究结论的概括。点明调查研究的主题，肯定意义，指出影响，介绍主要内容或提出所要回答的问题。

② 主体。主体部分是调查报告的核心。调查到的具体事实、总结出来的经验、问题和规律，都写在这一部分里。材料集中而纷繁，层次安排至关重要。

主体部分常见的结构形式：

纵式结构。这种结构形式按照事物的发生、发展、结局的先后顺序来组织材料，把事物的来龙去脉报告清楚。一般适合于内容比较单一的调查报告。

并列式结构。根据调查的内容加以分类，分几个部分来安排结构，每一个部分都有小标题。一般适用于涉及面较大的调查报告。

层进式结构。一般分为两个层次写：第一层次是调查结果及分析。将调查的结果分成若干类别，然后运用大量的事实材料和数据统计对各类问题进行有理有据的分析，并运用适当的论证方法加以合乎逻辑的推理分析，得出调查的结论，分析问题存在的主要原因是什么。第二个层次写对策和建议，针对存在的问题提出若干相应的对策和建议。

③ 结尾。调查报告的结束语，方法多样，可用简要的文字概括全文，进一步点明主题；可展示前景，发出号召或提出建议；可补充说明有关事项；可提出问题，发人深省；也可以自然收尾，不专门写结束语。

（3）落款。

在调查报告正文后的右下方，标明单位名称、作者姓名，写上成文时间。如需公开发表，则可将成文时间删去。

3．写作范例

【例文一】

关于自贡市解决群众三难问题的调查报告

张中伟

1997 年 1 月 16 日至 17 日，我利用到自贡市慰问困难企业职工的机会，到工厂、农村作了一些调查，并同市委、市政府的同志进行座谈。通过调查，我感到自贡市委、市政府在加快经济和社会事业发展的同时，心系群众疾苦，注意雪中送炭，着力实施“三大工程”，解决群众“三难”，收到了明显成效。

一、解决饮水难，实施打井抗旱工程

自贡市总人口 310 万人，其中农村约 270 万人，地处川南丘陵，常年干旱缺水。1994 年，遭受严重的夏伏旱，群众更是为水发愁，盼水心切。市委、市政府急群众所急，于当年 8 月作出了实施“三、三、三”工程的决定，下决心解决老旱区群众饮水难问题。即计划用 3 年时间，筹资 3000 万元，打 3 万口井。在发动群众打井中，各级主要抓了组织协调、技术指导、以奖代补这三件事。因此事得民心，极大地调动了农民打井抗旱的积极性。两年多来，市上仅安排了 80 多万元的启动资金，广大农民就投入现金和投劳折资共计达 1398 万元，打井 38621 口，初步解决和改善了 28 万多人、26 万多头牲畜的饮水困难。治水打井，费省效宏，以户经营，产权明晰，利益直接，群众的积极性很高。百闻不如一见，这次我到贡井区建设镇幺塘村、沿滩区王井镇黄桷村，进入 12 户农民家庭调查，看到有的打井安泵，井地配套；有的浅井沟深，安上微泵；还有的几家人共打一井，合伙管理。由于普遍用上了电动水泵，井口加盖密封，家家吃上了自来水、卫生水。沿滩区王井镇黄桷村，一个老农叫曾家声，全家 5 人，儿子、儿媳在浙江务工，一年要寄回上万元，老两口在家负责种承包地，带小孙子，还喂了 6 头猪。全家不愁吃、不愁穿，就愁饮水难。镇上组织打井，他投资 400 多元，打井改灶，吃上了放心水。因此，群众把打的井称为“解困井”、“爱民井”、“幸福井”、“卫生井”。这件事，给我们的启发是，只要党和政府办的事顺应民心，就会得到群众的拥护，收到事半功倍的效果。丘陵地区虽然吃饭问题基本解决了，但吃水的问题还未根本解决。老旱区没有解决吃水问题，就意味着温饱问题还没有稳定解决。一遇干旱，挑水、争水、吃脏水到处可见。治穷先治水，只有先保命，才能后保苗。因此，只要因地制宜，大搞微水工程，即户办水利，是可以缓解或解决吃水难问题的。自贡市打井抗旱，初见成效，但要彻底解决吃水难的问题，还需继续努力。他们打算，继续发动群众，利用冬春的有利时机，打井建池，大办微型水利。

二、解决吃菜难，实施“菜篮子”工程

自贡市常住人口 40 多万人，流动人口 10 多万人，过去群众吃菜难。历届市委、市政府都非常重视菜篮子工程，通过抓菜园子保菜篮子。到1996年，蔬菜上市量达到十八九万吨，人均每天食用蔬菜达到471克，夏、秋淡季缺菜矛盾得到缓解。1996年，物价涨幅回落到5.1%，低于全省平均水平。通过和各级干部座谈、实地调查、走访群众，我感到，自贡市抓“菜篮子”工程所采取的措施比较有力。一是领导重视，指导思想明确，建立了目标管理责任制。为了丰富菜篮子，市政府在抓蔬菜的同时，注意抓肉、禽、蛋、奶，重点实施了17个项目。二是巩固老基地，开辟新基地。稳定一线菜地2000公顷，新建二级区域化蔬菜基地453.3公顷。三是建立新机制。把实施菜篮子工程与推进农业产业化结合起来。如所调查的畜源农牧有限公司，由农民谢方清领办。1996年，公司出栏商品肉鸭10万只、种鸭苗10万只，提供商品猪346头，加上其他收入，共计实现销售收入1500多万元，创税利近60万元，还带动了46户农民养鸭。政府并没有给他多少投入，主要是引导、服务和政策上的支持，走的是“公司＋农户”的路子。这是能人带农户、大户带小户、先富带后富、龙头带农户的典型。像这类公司，市上直接抓了5户。四是抓投入，多渠道筹资。市上建立了主副食品调节资金80万元，安排财政支农资金50万元、周转金1000万元，直接扶持菜篮子基地建设。五是明确部门职能，搞好配套服务。六是抓市场。自贡实施菜篮子工程，已经取得明显成效，但应看到，人均每天蔬菜食用量471克，离人民群众的要求还有差距，随着城乡人民物质需要的日益增长，还必须持之以恒地抓下去。

三、解决就业难，实施再就业工程

据市政府汇报，自贡市有停产半停产企业323家、93700多人，占全市职工总数的28%，其中下岗职工3.9万人。盐业企业困难更大，共有工人5万多，其中离退休1.2万人、下岗职工达1万多人。尽管当前部分国有企业面临较大的困难，但我们所调查的自贡市机械一厂、华西集团第十一建筑工程公司、自贡市久大盐业集团及其大安盐厂，企业班子团结、精神振作，干部职工扭亏解困的决心很大。例如，大安盐厂在全行业亏损的情况下，1996年由上年亏损400万元实现当年扭亏，盈利19万元。

随着国有企业改革的不断深化，减员增效、下岗分流、破产兼并的推行，解决富余人员再就业的问题，已成为自贡市委、市政府高度重视的问题。在座谈中，大家认为，省委提出要用抓农村扶贫的办法抓企业的扭亏解困，关键是要抓好再就业工程。

一要抓好“三建”。首先要建档立卡。对困难企业、特困户、离退休老工人，要像农村扶贫那样，落实到人。其次，要建立培训基地。第三，要建立解困资金。自贡市已筹集解困资金700多万元。

二要抓好“两保”。保证在岗企业职工的基本工资、保证停产企业职工的基本生活费，很重要的是由政府贴息落实好特种贷款。

三要抓好广开门路。自贡市的同志说得好，抓再就业，门要开，路要广，企业要一厂多策，个人要一专多能。国有企业和职工不能抱着“金字”招牌苦熬，要解放思想，转变观念，打破所有制界限，打开思路找出路。现在，企业是人多岗位少，一方面工厂有人无事干，另一方面，社会上许多事又无人干。有的厂长说，只要思路一打开，走出厂门，天地自然宽。例如，工厂搞劳务输出，就有很大的优势和潜力。大安盐厂去年输送外线工180人到北京电力公司，既解决了富余人员问题，也深受用人单位欢迎。自贡市一个待业青年和5个下岗职工，办起了源渊井送菜公司，每天给300户居民送菜，效益较好。

总之，自贡市解决三难问题，确实是为群众雪中送炭，办了三件实事。这既是难事，又是好事。除了他们自身努力外，还需省上各部门尽力支持，尤其是解决就业难问题，众多盐业工人潜伏着失业的危险，确实需要专题研究，认真帮助其排忧解难。

【例文二】

吆喝“良心药”是否先问“良心”

——明星代言医药广告调查

“毒胶囊”事件曝光后，九位为涉案的修正药业代言的明星也被曝光，其中孙红雷、张丰毅、陈建斌、林永健等分别代言了修正药业的斯达舒、六味地黄胶囊、感愈胶囊等多款产品，同时披露的还有这些明星高昂的广告代言费，其中孙红雷以两年400万元的广告代言费位居榜首。

此事再次在社会上掀起关于明星代言医药的讨论。有媒体报道，修正药业一年光是花在明星代言上的钱就达近千万元，而且仅今年3月，该公司在央视和省级卫视的广告投放金额就达3.46亿元。不菲的明星代言投入也为其带来了巨大的收益，2011年修正药业全年主营业务收入高达115.04亿元。

此前，演员侯耀华因为代言亚克口服液、滑肠益生元等10则涉嫌违法违规内容的广告，一度引发“侯耀华代言门”的社会热议话题。中国商联会媒体购物专业委员会也曾一口气曝光18则涉嫌违法违规广告，赵忠祥、王刚、汤加丽、王海珍等著名人士被一一点名。

是“无辜被害”还是“见钱眼开”?

在关于明星代言医药的“良心”大讨论中，既有骂声一片，也有不少声音表示明星也是受害者，是“无辜被害”。

上海金澄律师事务所副主任刘巍嵩表示，在媒体曝光前，一些药品“所有证件都齐全”，连监管部门都不知道有问题，这些明星怎么可能知道?比如“毒胶囊”重金属超标需要专业检测，要求明星们去辨别过于苛求。但更多的社会舆论认为，应不应该随意代言医药产品和懂不懂专业知识没有必然联系。

复旦大学新闻学院广告学系主任程士安认为，明星在做产品代言的时候，需要对自身的形象负责，也要对社会公众负责，起码应该了解所代言产品的品质和社会评价。她表示，近几年来的药品广告，代言明星以自身经历“言传身教”的情况明显减少，而且更加规范，“想必是明星们也十分珍惜自己的‘羽毛’，因为一旦代言产品出现问题会严重影响自身的公众形象。”

明星频陷“代言门”需要怎样的“紧箍咒”?

4月24日，中商联媒体购物专业委员会和中国广播电视协会演员委员会联合声明，呼吁所有广播、电视、网络等媒体，停止发布有名人、明星代言的药品、医疗器械、丰胸、减肥、增高和夸大功效的保健品电视购物短片广告。两家委员会表示，在这些电视购物短片广告中，通过违规、违法编纂，不良企业利用名人和明星在媒体购物领域达到了违规盈利。

除了呼吁，明星代言医药广告是否在法律上有章可循?

上海市工商局广告监督管理处处长缪钧表示，我国现行的广告法等法规并没有禁止明星代言广告，但针对药品、医疗器械广告，我国法律明确规定，不得以患者的名义和形象进行宣传。这也就是说，作为代言人的明星，不能用自己的亲身经历来证明某种药品或者医疗器械产品的疗效，否则就会涉嫌违法。

缪钧介绍说，我国食品安全法也对明星广告代言行为做了一些约束性的探索，其第五十五条规定，社会团体或者其他组织、个人在虚假广告中向消费者推荐食品，使消费者的合法权益受到损害的，要与食品生产经营者承担连带责任，“这就意味着，一旦被查实为虚假广告，代言的明星也要‘连坐’。”

国外对于明星代言广告的一些举措或可作为“他山之石”。上海市律师协会民事业务研究委员会主任谭芳表示，一些欧美国家，代言人已经承担了民事担保责任。“例如美国的名人、政治家、体育和运动明星等一般都拒绝代言药品广告，因为风险太大，一旦出现差错，会与药厂一同遭到起诉，代价太高，得不偿失。”

不少国家对于药品广告的数量和内容都有严格的控制。如荷兰严格控制药品广告宣传，寻常电视、报刊上药品广告几乎绝迹。程士安表示，相比之下，我国媒体中的药品广告的数量和所占比例较大，“有必要对各类广告的比例进行限制”。

【简析】

例文一采用的是单行式标题，在前言里交代了调查的基本情况，同时概括了调查的结论，使人对调查报告的内容一目了然。在主体部分，采用并列式的结构，将调查的内容分项列写，每项都均有小标题起着提纲挈领的作用。例文二采用的是双行式标题，正标题以提问的方式引起读者的关注，在正文部分采用提问式的小标题吸引读者注意力。

学与练

（1）什么是调查报告？

（2）调查报告分为哪几类？

（3）调查报告有什么特点？

（4）请模仿例文的结构形式及写法，写一篇《我校学生课外阅读现状的调查与分析》的调查报告。

（二）简　报

1. 文体知识

简报是机关、企事业单位、社会团体之间用来汇报工作、反映情况、传递信息、交流经验的一种事务文书。简报的使用范围极为广泛，使用频率较高，在公务活动中发挥着重要的舆论工具的作用。简报有时也被标以其他名称，如“××工作”、“××动态”、“××通讯”、“内部参考”、“情况交流”之类标题。

根据内容的性质不同，简报可分为四类：

（1）会议简报。一般是在召开比较大型的会议时所编发的，用于报道会议的重要内容、进展情况、领导人讲话、与会人员意见或建议、会议决议事项等。

（2）工作简报。用于及时反映本部门、本系统在一定时期内各方面工作进展情况和存在的主要问题，以利于指导下级工作或向上级汇报工作，平行发送则可利于各平级单位或不相隶属单位相互交流、学习。

(3) 情况简报。主要用于反映两方面的情况：一是针对贯彻执行国家方针、政策、重大措施的看法、认识，二是反映社情、民情以及偶发事件、突发事件等。

(4) 专题简报。专就某项工作或某人、某事、某问题而制作的简报。所反映的内容应集中、单一，并具有一定的典型性。

简报主要有以下几个特点：

(1) 简洁性。简报的结构简明，语言简练，文字少、篇幅短，追求用少量的文字概括出事实的精髓及意义。

(2) 时效性。简报必须及时反映、交流新问题、新情况、新动态，因此要采写快、编印快、发送快，尤其是会议简报，更应强调时效性，否则便会失去它应有的作用。

(3) 保密性。简报一般在内部范围内发送和阅读，不向外发送、传播，有些简报对其阅读范围和阅读对象有严格限制。

2. 写作方法

简报一般由报头、报身、报尾三部分组成。

(1) 报头。

这是简报之首，占首页的三分之一版面，以一条通栏红线使之与报身分开。报头包括简报名称（一般套红印制）、编发单位、期号、密级、印发时间和编号等内容。

① 简报名称。简报名称很多，如“内部参考”、“工作动态”、“情况反映”、“信息交流”，但用得最多的还是“工作简报”、“会议简报”这类固定式名称。

② 期数。在简报名称下方正中用小号字书写，有的用括号注明“第×期”，有的直接写“第×期”。如是连续性则应先写“第×期”，再在后面加括号注明“总第×期”。

③ 编发单位。在间隔红线的左上侧顶格写，名称要具体，如“××市××局办公室编”。

④ 印发日期。在编发单位同行的右侧注明“××年×月×日”。

⑤ 密级、编号。有的简报还在报头左上侧注明“内部资料，注意保存”，如需保密则在报头的左上侧注明秘密等级；有的简报在报头的右上侧加以编号。

简报如由多篇文章组成，则应在报头之下排印出目录来。如：

评卷工作简报

第二期

四川师大评卷办公室　　　　2001 年 7 月 14 日

目　录

• 省招委常务副主任、省教育厅副厅长周国良在 2001 年普通高考评卷指导委员会成立暨骨干教师培训会上的讲话（摘编）

• 四川省 2001 年普通高考评卷指导委员会成立暨骨干教师培训会在我校召开

• 坚持标准，为考生负责，确保质量，为国家选才

• 十万火急：停电停水，领导指示：立即解决

- 评卷场办公室保证评卷工作正常进行
- 加强评卷工作的领导管理，确保评卷任务的圆满完成
- 各科评卷动员大会举行，高考评卷工作正式启动

（2）报身。

位于报头和报尾之间，为单独成篇的报道体文章。包括标题、正文、落款三部分。

① 标题。简报的标题多为一行题，如《得人心者得人才》、《四川省物资交流会汽车市场情况》，也有正副双行题，如《坚持标准质量第一——记语文科评卷工作》。标题要求简洁、醒目，能准确概括其内容，对读者有一定吸引力。

② 正文。简报的正文包含导语、主体、结尾三个部分。

导语。用简明的一句话或一段话，概括正文的主要内容、点明中心，或交代清楚时间、地点、事件、人物、原因及结果等，给读者一个总的印象。

主体。主体是承接导语，把它的内容具体化，或反映目前情况，或肯定已有成绩，或介绍具体的做法，或提出存在的问题，或几项兼而有之。

结尾。用一句话或一段话概括全文主旨，深化主题，或提出号召和希望，或展望未来、激励斗志。

③ 落款。正文结束后，在右下侧注明作者或供稿人。

（3）报尾。

位于简报末页的尾部，由两条通栏平行线示明，注明简报的发送范围和印发份数。

简报基本格式：

××简报

第×期（总第×期）

编发单位名称　　　　　　　　　　　　　　　　　　　　编印日期

目录

一、××××××

二、××××××

×××××（标题）

××××××××××××××××××××××××××××××××××××。（正文）

（供稿者）

发送：单位名称（按上级、平级和不相隶属、下级顺序排列，不同级别之间用分号隔开。也可按级别分行排列。）

（共印××份）

---

3. 写作范例

【例文一】

会议简报

（第5期）

××市作家协会编发　　　　　　　　　　　　　　2000年1月6日

市作协评论创委会部署工作计划

市作家协会评论创委会12月20日在市工商联举行部分成员座谈会。作协副主席×××、秘书长×××出席会议，××大学学报负责人×××、××师范学院学报×××应邀参加了座谈。会议由评论创委会副主任×××主持。

座谈会在介绍了我市十年来文学创作取得的成就和当前创作形势之后，着重就如何进一步开展作品评论以及活跃我市文艺理论工作进行了有效的探讨。会上初步排定，明年将就四位作家新出版的著作组织专题讨论会。座谈会还提到，评论工作不但要抓重点，同时也要抓苗子，通过多种形式的评论、讨论，积极扶持文学新人。

××市作家协会

抄送：市文联；各报社；各大专院校学报　　　　　　　　（共印××份）

【例文二】

简　报

（第五期）

四川大学中专招生办公室编　　　　　　　　　　　　1996年7月7日

普通高考报名结束　考生人数继续下降

经过各级招办的共同努力，我省今年的全国普通高考报名统计工作已经圆满结束，现简报如下：

今年我省报名参加全国普通高考的考生共153241人，比去年减少8756人，减幅为5.4%。另外，报名参加由省命题的藏文专业招生单独考试的考生160人；彝文专业招生单独考试的考生132人；职教师资班和高职班招生单独考试的考生共4505人。

在参加全国统考的考生中，有党团员143937人，占93.93%。理工农医类考生94661人，占考生总数的61.71%；文史类考生13389人，占8.84%；外语类考生37993人，占24.79%；艺术类考生4139人，占2.7%；体育类3059人，占2.0%。城镇应届高中毕业生46036人，占30.04%；农村应届高中毕业生56236人，占36.7%；城镇往届高中毕业生12970人，占8.46%；农村往届高中毕业生37512人，占24.48%。工人、干部、转业退休军人等其他考生487人，占0.32%。男生98976人，占64.59%；女生54265人，占35.41%。少数民族考生5325人，占3.47%。今年报考情况有如下五个特点：

1. 考生总数在连续下降三年后继续减少。从各地区情况看，除成都、绵阳、万县、甘孜、广安、巴中等地的考生人数比去年略有增加外，其余市、地、州均较去年有所下降，重庆市减少人数最多，达2240人，攀枝花减少比例最大，达17.6%。

2. 外语类、艺术类、体育类考生所占比例比去年有所增加，农村应届高中毕业生所占比例比去年下降4.67%，但农村往届高中毕业生所占比例比去年则上升4.22%。

3. 今年首次招收参加普通高校职教师资班招生单独考试的高职班考生，职教师资和高职班考生总数比去年增加1877人，增长比例达71.42%。

4. 今年首次实行彝文专业招生单独考试，共有132名彝文高中毕业生报名参加考试。

5. 升学矛盾虽然相对缓和，但考生升学竞争仍激烈。今年各普通高校在川招生总计划6.7879万名，考生升学比率约为1∶2.33，较去年的1∶2.47略为提高。

送：国家教委学生司、考试中心；省委、省人大、省政府、省政协办公厅、省招委各委员、省教委各领导。

发：各市、地、州招办

（共印××份）

【简析】

例文一是会议简报，用简明平实的语言介绍了会议的主要内容，篇幅短小精悍。例文二是工作简报，用翔实的数据对某一时段的工作作了汇报，占有材料充分，层次清晰，言之有序。

学与练

（1）什么是简报？简报有什么特点？

（2）常见的简报有哪几类？

（3）一份完整的简报应包括哪几部分？

（4）请模仿例文格式，根据学校或班级本学期的工作开展情况，编写一份工作简报。

第七节　启事　海报

（一）启　事

1. 文体知识

启事是单位或个人，为公开向人们告知、表白某事，并请求公众协助支持而写的文书。“启”含有陈述的意思，“事”即事情，启事就是公开陈述某件事。

启事的主要类型：

（1）告知类启事，如开业启事、搬迁启事、更名启事等。

（2）征招类启事，如征文启事、征地启事、征婚启事、招聘启事、招商启事、招领启事等。

（3）寻求类启事，如寻人启事、寻物启事等。

2. 写作方法

启事一般由标题、正文、落款三部分组成。

（1）标题。

启事的标题一般有三种形式：一是只写文种名称“启事”二字；二是由事由和文种名称两个要素构成，如“寻人启事”；三是由单位名称、事由、文种名称三个要素组成，如“千禧酒店开业启事”。

（2）正文。

启事的正文通常由事由、事项和结尾三部分构成。开头说明事由，介绍事项，结尾提出希望、要求或某种承诺。具体的内容要根据启事的不同类型来确定。

启事的正文应做到一事一启，不能将几件事放在一起写；所写内容必须真实；语言表述要简明、准确。

（3）落款。

落款部分写明撰写启事的单位名称或个人姓名、撰写启事的日期。有的启事还要把发表启事者的联系方式写明。

3. 写作范例

【例文一】

更名启事

经上级批准，从3月1日起，我单位的名称由原××省石油总公司××公司加油管理站更名为××省石油总公司××零售公司．同时启用新印章。更名后其隶属关系和业务经营范围不变。

【简析】

这是一则告知类启事，在正文中，写明了批准和核准登记部门、变更事由、原有名称、变更的新名称、变更时间、启用印鉴等，是主要交代的事项；变更名称后，组织机构、隶属关系、业务范围、法律责任、债权债务等相关问题，如有必要，也应加以说明。启事内容表述可繁可简，写作者应视篇幅和需要，对上述内容可全部或择要写出。

【例文二】

招工启事

为适应通信事业迅速发展，×市电信综合经营总公司经××市劳动局核准，招收临时合同无线寻呼女话务员80名。条件：具有三城区常住户口待业青年。年龄18～21周岁，身高在1.55米以上。（详情见简章）

报名地址：××市劳务市场

报名时间：1994年4月18日—20日

联系人：（略）　电话：（略）

【简析】

这是一则用于公开招收工作人员的启事。招工启事的招收对象一般是层次较低的员工，它的写法比招聘启事简约扼要，一般注重概括交代，但应招者的条件和报名时间地点要写得具体明白。

【例文三】

寻车启事

兹有××矿产加工厂一辆BJ—121箱式货车于1994年4月13日丢失．车号：X 01/16084，车身颜色为灰白，车架号：8461；发动机号：50038。有知其下落者速告本厂，联系电话：（略）。

必有重谢。

【例文四】

寻人启事

钟招娣，女，83 岁，本月 8 日上午 8：30 离家失踪。出走时着红色棉衣，有知其下落者，请致电：135××××××××，与其女儿陈××联系。重酬。

【简析】

例三是寻物启事，用于寻找丢失物品的启事。如果丢失大宗或贵重物品，启事可刊登在当地报纸上，扩大传告面；如果遗失的是小件或一般物品，如钥匙、书籍、衣服等，寻物启事则可张贴在失物地点和人员聚集点，力求使一定范围的人们协助查找。在启事中，失物名称及形状、质地、色彩、型号、数量等特征，应写得详细具体；失主的单位、姓名、电话、地址、邮政编码等项，也要写明，以便联系，最后要表达感谢之意。

例四是一则寻人启事，用于寻找走失者或失散家人的启事。在启事中要写清楚被寻找的人的基本情况以及长相、身材、衣着、口音等显著特点，还要写明告启者的联系地址及方法。寻人启事的写法有繁有简，应视具体情况确定。在张贴或登报时，还可配发走失者近期照片，位置在左上角或右上角。

【例文五】

招领启事

昨天晚上七时，我在学校图书馆拾到一个书包，里面装有两本书，一个文具盒及笔记本若干，请丢失的同学速与我联系。

联系电话：××××××××

2012 级中专 4 班　高×
2013 年 9 月 10 日

【简析】

这是一则招领启事，正文只写拾到何种东西，不要写具体数量。为防止有些人冒领，写这种启事时，只要写拾到些什么东西，让失主去何处去领就是了，不必写清拾到多少. 这些东西，要失者在认领时自己说明，经过核对属实后，才准其取走，以免出错。

（二）海 报

1. 文体知识

海报是向公众报道或介绍有关电影、戏曲、杂技、体育、学术报告会等消息时所使用的一种招贴性应用文。海报通常张贴在有关演出的场所，或较为醒目的地方，告知有关活动的事项。有的海报还可以在广播电视上播出。

一般来讲，海报从内容上看可以分为下列几类：

（1）电影海报，这是影剧院公布演出电影的名称、时间、地点及内容介绍的一种海报。这类海报有的还会配上简单的宣传画，将电影中的主要人物画面形象地绘出来，以扩大宣传的力度。

（2）文艺晚会、杂技体育比赛等海报，这类海报同电影海报大同小异，它的内容是观众可以身临其境进行娱乐观赏的一种演出活动，这类海报一般有较强的参与性。海报的设计往往要新颖别致，引人入胜。

（3）学术报告类海报，这是一种为一些学术性的活动而发布的海报。一般张贴在学校或相关的单位。学术类海报具 有较强的针对性。

（4）个性海报，自己设计并制作，具有明显 DIY 特点的海报。

2. 写作方法

海报一般由标题、正文和落款三部分组成。

（1）标题。

海报的标题写法较多，大体可以有以下一些形式：

其一，单独由文种名构成。即在第一行中间写上“海报”字样。

其二，直接由活动的内容承担题目。如“舞讯”、“影讯”、“球讯”等。

其三，可以是一些描述性的文字。如“×××再显风采、××寺旧事重提”。

（2）正文。

海报的正文要求写清楚以下一些内容：

第一，活动目的和意义。

第二，活动的主要项目、时间、地点等。

第三，参加的具体方法及一些必要的注意事项等。

（3）落款。

要求署上主办单位的名称及海报的发文日期。

以上的格式是就海报的整体而讲的，实际的使用中，有些内容可以少写或省略。

海报写作的注意事项：

① 海报一定要具体真实地写明活动的地点、时间及主要内容。文中可以用些鼓动性的词语，但不可夸大实事。

② 海报文字要求简洁明了，篇幅要短小精悍。

③ 海报的版式可以做些艺术性的处理，以吸引观众。

3. 写作范例

【例文一】

学术报告会

为纪念“五四运动”八十周年，特邀校友××博士来校作学术报告。
题目：知识经济时代的学习和工作
时间：5月4日14点
地点：校礼堂
欢迎全校师生踊跃参加

校学生会
1999年5月2日

【例文二】

运动会海报

又是金秋风飒飒，正值沙场点兵时。我校一年一度的秋季运动会很快就要拉开帷幕了！

厉兵秣马枕戈待旦的训练，终于迎来了一次接受检阅和考验的机会，请不要观望，不要等待，是好钢就该用到锋刃之上，去报名参赛吧！

我校是田径训练传统特色校，作为这样一所有着光荣传统的学校的学生，希望每一位同学都能在比赛中体现“重在参与”的热情、“更快更高更强”的奥林匹克精神和“友谊第一，比赛第二”的体育道德风尚，用体育的精神来陶冶自己吧！

运动会参赛人员报名时间从即日起，由各班体育委员负责；截止时间为9月23日。

大会隆重推出教工比赛。精彩瞬间，不可多得，请大家拭目以待！

运动会召开时间：2000年4月10日。

学生会文体部
2000年4月1日

【简析】

例文一是学术报告会海报，要求写清楚活动的性质，活动的主办单位、时间、地点等内容。例文二是体育比赛海报，注重宣传效果，语言生动而富于鼓动性，以便吸引同学参加。

学与练

（1）为了迎接昆明“世界园艺博览会”的召开，我们学校团委决定在全校进行一次作文竞赛，作文的题目是《我们呼唤蓝天》，体裁是议论文，内容是谈论环保问题，强调环保的重要性，字数是600字以上，要求观点鲜明，论证有力，语言生动富有感染力。作文竞赛的对象是全校学生。请你根据以上要求写一则征文启事。

（2）指出下列启事在内容和形式上的不妥之处。

①：

寻物启事

本人丢失一个书包，请捡到者交上。

程艳

②：

招聘启事

本公司需一名财务经理，学历大本，有意者请找我联系。

杨怡

（3）沈军在石家庄“培艺”厨师学校学习了两年，学会了做川、湘、鲁、粤菜等，毕业后准备在上海繁华的南京路开一个“一品香”饭馆，面向工薪阶层。定于9月8日开业，开业一星期内8折优惠。请你为沈军的“一品香”饭馆分别写一份开业启事和宣传海报。

（4）我校定于10月30日下午第三节课举行全校男子篮球比赛的决赛，由2011级高职班和2012级机械班争夺冠军。比赛将在学校的后操场的一号篮球场举行，请你写一份海报宣传，欢迎广大师生光临现场。

第四章　经济应用文

经济应用文是指经济部门、企事业单位及经济工作者，在处理经济事务、沟通经济信息、协调经济活动等过程中使用的具有一定规范格式的专用文体。经济应用文是应用文书的一个分支，在经济领域的应用非常广泛，是经济领域中处理业务、交流思想、传播信息、开展研究的一种文体。因此，经济应用文的种类非常繁多。本章涉及的经济应用文主要有意向书、经济合同、说明书、广告、招标书、投标书。

经济文书具有以下特点：

1. 法律性

在我国，经济工作是一项政策性很强的工作。签订经济合同必须遵守国家的法律，符合国家的政策。

只有熟悉业务并按照经济规律和市场规律办事，才不会贻误工作，否则会造成不可估量的损失。

2. 真实性

经济文书要真实、准确地反映客观的经济情况。

3. 针对性

经济文书往往有比较固定的格式，例如签订合同等往往都有印刷好的格式，写作者只要在里边填充即可。

4. 实用性

经济文书的语言注重实用，签订合同是为了明确双方的权利和义务，事关法律，所以要求文字严密。

第一节　意向书

1. 文体知识

意向书是当事人双方或多方之间，在对某项事务正式签订条约、达成协议之前，表达初步设想的意向性文书。意向书为进一步正式签订协议奠定了基础，是“协议书”或“合同”

的先导，多用于经济技术的合作领域。

意向书具有信誉约束力，原则上不具有法律约束力。

意向书的基本特点：

（1）协商性。意向书的主要用途是表达共同的意愿、目标，是当事人各方经协商后形成的初步的、大致的共识，也是今后协商的基础。

（2）灵活性。意向书不像合同协议那样，一经签约不能随意更改，意向书比较灵活，在协商活动中，当事人各方均按各自的意图和目的，提出意见，在正式签订协议、合同前亦可随时变更或补充，最终达成协议。

（3）预约性。意向书是加强双方联系的纽带，是了解双方意向的桥梁，是为合同签订作前期准备的先行文书，具有预约的特点。

意向书按其签署方式可分为单签式意向书、联签式意向书、换文式意向书，其中常用的是联签式意向书。

2．写作方法

意向书的结构一般包括标题、正文、落款三大部分。

（1）标题。

意向书的标题有三种形式：一是只写“意向书”三个字；二是在“意向书”前写出协作内容，如《合资建立水泥厂意向书》；三是在协作内容前标明协作各方的名称。如《无锡××大学与无锡××科技有限责任公司联合开发××产品意向书》。

（2）正文。

正文包括引言和主体两部分。

引言包括签订意向书的依据、缘由、目的。要求写明合作各方当事人单位的全称，双方接触的简要情况，磋商后达成的意向性意见。然后用“本着××原则，兴建××项目”或“达成意向如下”等作为导语的结束。

主体部分包括三方面的内容：一是合作各方达成的具体意向。如中外合资经营企业，需就合资项目整体规划、合营期限、货币结算名称、投资金额及规模、双方责任分担、利润分配及亏损分担等问题，表明各方达成的意向。二是未尽事宜的解决方式。即还有哪些问题需要进一步洽谈，洽谈日程的大致安排，预计达成最终协议的时间等。三是意向书的文本数量及保存者。如是中外合资项目，还应交代意向书所使用的文字。

（3）落款。

意向书的落款包括三项内容：签订意向书各方当事人的法定名称、谈判代表人的签名、签订意向书的日期。

写作注意事项：

一是对合作中涉及的系列问题作粗略的轮廓性的表述。

二是措词严谨，语言平和，一般不随便使用“必须”、“应为”、“否则”之类的词语。

三是一般不写入对各方有约束性的条文。如违反约定应承担什么责任的条款。

四是不能有与我国现行经济政策和法规相抵触的内容，也不能随意向对方承诺上级部门才能决定和职能部门才可解决的问题。

3. 例文导读

【例文一】

开办快餐食品公司意向书

××进出口公司××分公司和××市××公司（以下简称甲方）与××海外贸易公司（以下简称乙方），本着平等互利的原则，于2013年10月8日就在××开设“××快餐食品公司”进行协商，达成如下合作意向：

一、双方同意合资开办一家快餐食品工厂和餐厅。

二、甲方将负责中国境内的筹备工作，乙方将负责国外的筹备工作。

三、甲方将提供：

1. 一座可建成日产10万份左右的快餐食品加工厂的厂房。

2. 两到三处繁华地段的可供改建成快餐厅的场所。

四、甲方将向乙方建议不同品种的每份快餐的零售价格。

五、甲方将提供加工快餐所需原料的参考价格，例如肉、鱼、蔬菜等。

六、乙方将在甲方提供的有关资料的基础上提出初步的设计方案和所需设备及价格，以供双方制定可行性报告。

七、未尽事宜，双方在今后协商补充。甲乙双方在完成合资开办公司的准备工作后，约定时间进行磋商，签订正式协议。

八、本意向书，以中英文书就，两种文本具有同等效力，双方各执一份。

甲方：××进出口公司　　　　　　乙方：××海外贸易公司（印）

××分公司（印）

×××（签名）　　　　　　　　×××（签名）

××市××公司

×××（签名）

二〇〇四年五月四日

【简析】

这是一份联签式意向书。开头部分简明地交代达成该意向书的目的，正文部分用语温和，分条款写明了达成的意向性意见。因为意向书中数据不够具体明确，只是一种意向的表示，所以在第七条写上了未尽事宜的解决方式，即“认为合适的时候举行下一次会晤”，充分体现了意向书的特点。

【例文二】

意向书

××年×月×日至×日，香港云氏研究所（简称甲方）云先生，与西北远望公司（简称乙方）李先生，就双方共同合作生产压缩机事宜，进行了洽谈。双方达成以下共识：

一、双方对进一步探讨在甘肃兰州地区建立压缩机生产基地的可行性深感兴趣。

二、双方商定，乙方负责为该合作项目寻找厂址，甲方负责提供压缩机的最新技术。

三、双方同意于××年×月×日至×日在西安进一步探讨投资的方式和比例，利润的分享，双方的权利与义务等问题。

四、本意向书用中文书写，一式四份，双方各执两份。

云晓璎（签字）	李林明（签字）
香港云氏研究所所长	西北远望公司总经理

××年×月×日

【简析】

这是一份合作生产压缩机的联签式意向书。主体部分以条款的形式（共4条）表述了合作双方达成的具体意向。表述的内容不像经济合同那样详细、具体、周密，比较原则化。措辞平和，都是以相互协商的语气来表述双方达成的具体意向。落款内容齐全，格式规范。引言简洁、明确。

学与练

（1）意向书的基本特点有哪些？

（2）仔细阅读下面的材料，写一份意向书。

香港××油漆有限公司（甲方）与上海××造漆厂、××进出口公司上海分公司、××有限公司（乙方）于2004年5月26日在上海商谈后决定在香港开办合资公司，公司名称暂定为“××有限公司”。双方同意资本为××万港元，可用现金、设备、实物（包括厂房）等进行投资。实物作价的原则为设备按同类产品的国际市场价，从原公司的设备、物资及厂房由公证行估价和友好协商相结合的办法解决。产品销售以香港本地销售为主，如出口到其他国家和地区应以不冲击××进出口公司上海分公司现有的销售网点为原则，合营公司应在出口前征求乙方的意见。合营公司的投资争取在四年内收回，具体方案由董事会根据公司赢利情况讨论决定。同时，为了维护合营公司的利益，甲方不再以任何名义和方式在香港、深圳经营同类产品的生产和销售，乙方也不再在该地段设厂生产同类产品。公司合营生产的××牌产品，按产品销售金额向上海××造漆厂交付若干商标使用费。关于参股比例、人事安排，双方同意由甲方到港后与乙方代表××有限公司商讨。

第二节　经济合同

1．文体知识

经济合同主要是指平等主体的自然人、法人、其他组织为实现一定的经济目的，通过平等协商，明确相互权利义务而共同订立的一种具有经济关系的协议，是当事人表示见解一致的法律行为。

经济合同有利于当事人实现经济目的，有利于保护当事人的合法权益，有利于维护社会经济秩序。

经济合同按不同的角度分，有不同的种类名称：

（1）按内容分类，可分为购销合同、承包合同、补偿贸易合同、借贷合同、租赁合同、加工承揽合同、委托代办合同等。

（2）按表达形式分类，可分为条款式经济合同、表格式经济合同、条款和表格组合式经济合同。

（3）按履行期限分类，可分为长期合同、中期合同和短期合同。

经济合同的主要特点是：

（1）合法性。经济合同要求按国家的法令政策签订，签订后即具有法律效力，受到国家法律的承认和保护。

（2）平等互利性。签订合同的双方或多方的法律地位是平等的，合同是自愿协商的产物。合同条款中，权利、义务也是相互的，对等的，不能将其建立在损害对方或他方的利益之上。合同内容也应是等价有偿的。

（3）规范性。规范性具有两层含义：其一是依法成立的合同对当事人具有法律约束力，其二是指合同的写法和格式需要规范。

（4）协商一致性。经济合同中的所有条款，都必须在当事人双方经协商达成一致的意愿后才能写入，未取得一致意见的条款不能写入。决不允许一方把自己的意志强加给另一方，其他组织和个人无权非法干预。

在签订经济合同时，要遵循以下原则：

（1）公平的原则。在签订合同过程中，任何一方不得把自己的意志强加给对方，任何单位和个人不得非法干预。

（2）诚实信用的原则。讲诚实、守信用，是合同当事人在经济往来中应遵守的原则，也是市场经济条件下的准则。凡是采取欺诈、胁迫手段把自己的意志强加给对方，订立违反对方真实意愿的合同，都属无效合同。

（3）明确具体的原则。由于经济合同既是经济文书又是法律文书，既有经济效益又有法律效力，因此写作时必须持严肃审慎态度，做到语言精确，表达清楚，书写工整，绝不能马虎大意，草率从事。

经济合同与意向书的区别：

(1) 约束力不同。意向书原则上不具有法律效力，对合作各方不具有法律约束力，只有信誉约束力；经济合同则具有较强的法律效力，各方必须按规定履行责任与义务。

(2) 签订时间不同。意向书签订的时间较早，是在各方正式合作之前签订的，并不意味着进入实质性的合作；经济合同则是意味着合作各方开始正式合作。

(3) 写作内容和要求不同。意向书的内容较为原则、简略，没有特别规范格式的要求；相比较而言，经济合同的内容比较具体，应严格按《合同法》的规定签拟，写作上也有较为规范的格式和语言运用方面的要求。

2. 写作方法

经济合同的主要结构：合同有固定的写作格式，一般由标题、约首、正文、附则、约尾几部分组成。

(1) 标题。

“经济合同”是一类合同的总概念，不能作为一份具体的标题。合同的标题一般有以下几种形式：一是直接用合同的种类作为标题。如：《技术合同》；二是在合同种类前加上经营范围。如：《商品房买卖合同》；三是在合同种类前加上时间。如：《2007 年运输合同》；四是在合同种类前加上签约单位名。如：《恒发公司仓储合同》。

(2) 约首。

约首包括合同编号、当事人名称等内容。在标题之下，左半部分写立合同人；先写甲方(供方、卖方)，再写乙方（需方、买方)；右半部分写合同编号、签订地点、签订时间。写立合同人应写单位、企业全称（工商部门注册的名称）不可随便简化，也不能写别称。是单位的要与营业执照上核准的名称一致。然后注明简称，如“甲方”、“乙方”、“供方”、“需方”、或“买方”、“卖方”。

(3) 正文。

正文包括引言和主体两部分。

① 引言：合同的开头，主要写目的和依据，说明经双方协商一致，签订该合同。如：“为了……，根据……法律的规定，……双方经过充分协商，特订立本合同，以便共同遵守。”引言可部分省略或全部省略。

② 主体：指合同条款。包括标的、数量、质量、价款或酬金、履行期限、地点与方式、违约责任、解决争议的方法。

标的是指合同当事人权利和义务所共同指向的对象，可以是货物、资金，也可以是行为。

数量和质量是标的的具体表现形式，关系到当事人的权利和义务的大小，必须明确、具体。

价款或酬金是获取商品、接受服务方向对方所支付的一定量的货币。

履行期限、地点和方式直接关系到当事人权利与义务的实现，必须写得清楚具体。履行期限是指交货（款）或完成劳务的日期；履行地点是指交货或完成劳务的地方；履行方式是指采用怎样的方式来交货或完成劳务。

违约责任又称“罚则”，是规定合同当事人全部不履行或部分履行或不适当履行合同时，所必须承担的经济责任和法律责任。

解决争议的方法是指所签订合同后发生纠纷后，当事人约定的合同争议解决办法。有协商、调解、申请仲裁、向人民法院起诉等多种方式。

（4）附则。

附则是经济合同的结尾，主要是对合同有效性方面的一些说明，如合同的有效期、签订份数、保存方法、未尽事宜等。合同如有附件，应注明附件的名称、份数及效力。

（5）约尾。

约尾即落款，是当事人双方签名盖章和签订日期。一般要写各方单位或姓名的全称，并分别盖章。如需上级单位或公证机关签署意见，要注明并盖章。当事人是企业法人的，应盖合同专用章，不得加盖行政专用章。另外，双方的电话、账号、开户银行、地址等，都应写清。签约日期一般写在全文的右下方，写明年月日。也有些在标题下面的。公证或鉴证日期应写在公证或鉴证机关名称下面。

3. 例文导读

【例文一】

浙江××有限公司购销合同

供方：浙江××家具厂　　　　合同编号：2007C 字（321）号

需方：浙江××有限公司　　　　签订地点：本公司

签订时间：2007 年 2 月 19 日

根据我国合同法有关规定，供需双方经友好协商，共同制定以下条款，以资共同遵守。

一、产品名称、品种规格、数量、金额、交售时间

产品名称	型号	单位	数量	单价（元）	金额（元）	交货时间
办公桌	A86	张	30	500.00	15000.00	2007.9.2
椅子	B55	把	50	80.00	4000.00	2007.9.2
合计人民币金额（大写）：壹万玖仟元整						

二、质量要求、技术标准：国家标准/行业标准。供方对质量负责的条件和期限：供方保证质量，实行“三包”。

三、交货办法、交货地点：供方免费直送至需方指定仓库。

四、运输方式和费用负担：货车运送，费用由供方负担。

五、包装标准、包装物的供应与回收和费用负担：供方负担。

六、给付定金的数额、时间：（略）

七、结算方式及期限：需方收货并验收合格后 30 日内付清壹万玖仟元整人民币。

八、如需提供担保，另立合同担保书，作为本合同附件。

九、违约责任：如供方不能按时交货，每拖延一天，由供方按货款总金额的百分之一赔偿需方的损失。需方必须按双方协商日期交付货款，若违约，每迟交付十天，由需方按货款总金额的百分之一赔偿供方。

十、解决合同纠纷的方式：一旦双方发生纠纷，自行协商不成时，到仲裁机构仲裁。

十一、本合同如有未尽事宜，须经双方共同协商，作出补充规定，补充规定与本合同具有同等效力。

十二、本合同一式三份，供、需双方各执一份，鉴定机关一份。本合同自签订之日起生效，至双方义务履行完毕之日失效。

供方：浙江××家具厂（章）　　需方：浙江××有限公司（章）
代表：王××（章）　　代表：杨××（章）
开户银行：××县农业银行　　开户银行：××市工商银行
银行账号：××××××××　　银行账号：×××××××××
地址：×县附城区39号　　地址：×市大德路55号
电话：×××××××　　电话：×××××××××
邮编：××××××　　邮编：××××××

鉴证意见：略
经办人：田××
鉴证机关：×县工商行政管理所（章）

【简析】

这是一份条款和表格组合式的购销合同，内容详细具体，语言简明严密，因为在约首部分写清楚了合同编号、合同当事人、签约时间和地点，所以在落款处没有再写合同签订的日期。

【例文二】

大型机械设备租赁合同

承租方：××建筑公司××分公司（以下简称甲方）
出租方：×市××机械租赁公司（以下简称乙方）

根据《中华人民共和国经济合同法》及有关规定，按照平等互利的原则，为明确甲乙双方的权利和义务，经双方同意签订本合同。

一、租用设备的名称、规格型号、数量及收费标准：

设备名称：振动压路机　　规格型号：YZ16JC
数量：1台　　收费标准：1000元/台班

二、设备使用地点和进出场时间及费用：

1. 乙方设备自2013年9月25日到场，自2013年9月26日开始计收台班费用。

2. 施工地点：某市青年大道A段

3. 进场费：600元，出场费600元。

三、班制及结算：

1. 台班计算方法：每8小时为壹个台班，不足8小时按壹个台班计算（台班计时为8小时，包括整备2小时）。

2. 结算方式：甲方于每月26日向乙方结算当月发生机械台班费。

四、权利和义务

1. 甲方权利和义务

(1) 机械开始工作前，负责对乙方机械操作人员进行现场安全交底。

(2) 保障乙方设备安全进出场道路畅通，并保证乙方机械设备及人员驻场期间的完好和安全。

(3) 不得将乙方机械转租第三者，并由甲方解决司机的食宿问题。

2. 乙方权利和义务

(1) 乙方根据甲方要求，在规定的时间内进入施工现场。

(2) 当甲方违章指挥强制作业时，乙方工作人员有权拒绝执行。

五、其他约定事项：

1. 本合同自双方签字盖章之日起生效。合同有效期内，除非经过对方同意，或者另有法定理由，任何一方不得变更或解除合同。

2. 合同如有未尽事宜，须经双方共同协商，作出补充规定，补充规定与本合同具有同等效力。

3. 解决合同纠纷的方式：合同未尽事宜由甲乙双方协商解决，协商不成可通过甲方所在地农垦管辖的法院解决。

六、本合同正本一式两份，双方各执一份。

出租方	承租方
××建筑公司××分公司（章）	×市××机械租赁公司（章）
经办人：代××	经办人：李×
联系地址：安庆街289号	联系地址：南大街3号
银行账号：×××××××	银行账号：×××××××
电　　话：×××××××	电　话：×××××××

2013年7月27日

【简析】

这份租赁合同的正文采用条款式结构形式，主要条款齐备，写法灵活而又规范，按需要把条款展开来写。语言表述简明、严密、准确。

学与练

（1）经济合同的基本内容有哪些？

（2）签订经济合同必须遵循哪些基本原则？

（3）请分析下面合同中的条款，表述是否恰当。

① 经甲方验收，不符合质量标准，乙方应负责任。

② 交货期限：10 月底左右。

③ 甲方必须提供一定的场所和必需的营业设备。

④ 交货期限：红星机械厂附近。

⑤ 买方承担大部分短途运费。

⑥ 本合同的有效期，自签订之日起，到合同执行完毕止。

第三节 说明书

1. 文体知识

说明书是介绍说明物品的性能、规格、用途、使用方法或影视剧情节介绍、图书简介等实用性的说明文体。其写作目的是为了消费者对某种产品、影视剧、书籍等有所了解，并能正确掌握和使用、阅读欣赏。

说明书按表达形式分类，可分为条款式说明书、文字图表说明书；按说明的事物来分，可以分为产品说明书，使用说明书，安装说明书，影视戏剧说明书、景点简介、单位简介、人物简介等等。

说明书的主要特点有以下四点：

（1）实用性。这是说明书最基本、最重要的特点。说明书必须从实用性的角度考虑说明书的内容重点和表述要求。

（2）科学性。主要指内容上的确凿无误和表达上的准确，不能模棱两可。即概念准确，使用程序准确，用词准确。

（3）简明性。说明书的内容要求通俗易懂、简明扼要。专业说明书和影视剧的说明书则可以稍长些。

（4）示象性。说明书大多是作为某一事物的附件而出现的，使事物变得形象而直观。

说明书与商品广告有三大不同点：

一是写作目的不同，商品说明书重在说明商品知识，而商品广告重在推销商品；二是内容不同，说明书着重说明该商品的特点、用法用量、适用范围、注意事项等，而商品广告只突出该商品的优点，有时还要写出销售方式、时间、地点等；三是表现手法不同，商品说明书以说明为主，语言简明、平实，而商品广告可采用多种表达方式，修辞手法多样化，语言优美、华丽，注重审美效应。

2. 写作方法

不同种类的说明书有不同的结构形式及写作方法。下面主要介绍商品说明书、影剧说明书、单位简介三种说明书的结构形式及写法。

3. 商品说明书

商品说明书的基本结构一般由标题、正文、落款三大部分构成。

（1）标题。

商品说明书的标题有三种形式：一是以商品名称为标题，如《健民咽喉片》；二是由商品名称与文种构成，如《浓维生素 E 胶丸说明书》；三是由商品名称和功效构成，如《补脑冲剂神经系统滋补品》。

（2）正文。

一般先介绍生产单位的历史、规模、技术力量、产品声誉等，随后介绍商品的性能、技术规格、构成、用途、使用方法和保养等知识。有些关系到人们健康、安全问题的商品，在说明书上还印有技术鉴定单位和鉴定委员会成员名单，或提供有关测试实验资料和例证，以示慎重。正文的结构形式主要有两种：一是条款式，即对有关内容按一定的次序分条加以说明，层次清楚，条理分明；二是概述式，对商品的有关知识作概括性的陈述和说明，有利于突出商品的个性特色，从而给消费者留下比较深刻的整体印象。

（3）落款。

一般在正文后面标明企业名称、地址、邮政编码、电话号码联系人等，便于消费者联系。

写作商品说明书要求抓住商品的特征，语言准确简洁，条理清楚。商品说明书在写作中应注意针对性、科学性和简明通俗性。

4. 电影、戏剧说明书

电影、戏剧说明书往往采用概述式结构，把颇长的剧情发展、众多的人物活动、矛盾冲突等过程，浓缩于几百字的说明书之中，使观众对剧情获得初步印象。

影剧说明书一般分三个部分：开头部分对影剧作概括性的评价；中间部分对内容、情节进行介绍；结尾部分交代主要演员的姓名（有的还点明演员的职称级别）、开演日期等情况。为了激发观众的兴趣，这类说明书还要求写得富有感情，文句优美，有时还配以剧照，以增强感染力。

5. 单位简介

这类说明书的写作目的各异，有的是为了扩大社会影响，提高知名度，有的是为了寻求投资者、合作者而自我介绍。这种说明书一般采用概述式，内容要真实，篇幅要短小精悍，语言要简明，表述要准确。

6. 例文导读

【例文一】

兰河牌　Z－83－2号
双黄连口服液说明书

双黄连口服液系由双黄连注射液厂家哈尔滨中药四厂研制而成的新型抗病毒制剂。

本品为中药双花、连翘、黄芩经用科学方法提取有效成分制成的灭菌水溶液。经黑龙江中医药大学附属医院、黑龙江省医院、黑龙江省中医研究院三百余病例临床验证、对病毒和细菌感染引起的肺炎、上呼吸道感染、扁桃体炎等疗效显著。

双黄连口服液科技成果鉴定专家委员会认定：双黄连口服液具有抑菌、抗病毒的双重作用，无过敏、无任何毒副作用，疗效显著。双黄连口服液处方合理、工艺先进、产品质量稳定、数据可靠、符合卫生部标准。该成果达到国内先进水平，为国内首创。

〔性　　状〕本品为棕色澄清液体，味甜，微苦。

〔药理　作用〕解热、消炎、抗菌、抗病毒。

〔功能与主治〕辛凉解表、清热解毒。适用于病毒和细菌感染引起的肺炎、气管炎、支气管炎、咽炎及扁桃体炎等上呼吸道感染、病毒性流感引起的发热、咽痛、咳嗽和老年性哮喘等。

〔用法与用量〕口服，一日3次，一次2支，小儿酌减或遵医嘱。

〔规　　格〕每支10 ml

〔贮　　藏〕密封，避光，置阴凉处保存。

〔注　　意〕如有轻微沉淀，服前请摇匀，不影响疗效。服用时请将吸管从铝盖中央凹处插入即可服用。

〔使用期限〕2年

〔生产批号〕见上盖内侧。

哈尔滨中药四厂

电话：××××××××××××××

厂址：××市××街××号

【简析】

这篇商品说明文用商品名称加文种做标题。正文采用了综合表述方式。前面用短文形式介绍了厂家、药性、专家的鉴定，给读者以总体印象，后面用条款式介绍药品的各个方面应知问题。

【例文二】

长春市广炬电力科技有限公司简介

长春市广炬电力科技有限公司成立于2009年，坐落在吉林大地美丽的春城。公司注册资金150万元，主要经济技术管理人员15人。公司主要以线路工程施工为主的劳动密集型企业，公司兼营各种电气、线路器材及设备，同时代理销售上海一开投资集团的开关柜、真空断路器、变压器、箱式变电站等系列产品；公司设立前期主要以开发电力企业相关管理软件及维护相关产品为主，在市场竞争日益激烈的形势下，公司经营者审时度势，在争取绝大多数股东赞同的情况下，开始致力于从事电力客户线路工程的安装维护工作。公司按照现代化企业的管理要求和标准，建立了完善、科学、规范的经济技术管理制度，严格按照市场经济规律为导向，完成了公司管理体系和技术体系建设，为在市场竞争中能永立不败之地奠定了坚实的基础。公司管理中能分工协作、整体配合，较好地完成了上年度的经营目标，广炬公司虽然成立时间较短，但在广大员工的共同努力下，我们在上年度首先实现了开门红，实现了开局即能盈利的共同希望。我们有理由坚信：在广炬日益发展的明天，我们的市场会更加广阔！

地址：长春市××街××号
邮编：××××××
传真：××××××××
电话：××××××××

【简析】

这是一篇单位简介，是为了扩大社会影响，提高知名度而作的自我介绍。正文采用了概述式写法，内容真实，篇幅短小精悍，语言简明，表述准确。

学与练

（1）选择题

① 某一种药物因为说明书没有标出副作用而导致服药人死亡，该说明书违反了（　　）特点？

A. 说明性　　B. 科学性

C. 简明性　　D. 条理性

② 不属于说明书和广告的不同点的一项是（　　）。

A. 写作目的不同　　B. 内容不同

C. 表现手法不同　　D. 结构不同

③ 下列说明书语句没有语病的一项是（　　）。

A. 若遇易褪色衣物，请将深浅颜色衣物分开洗涤。

B. ××手提收录机，款款精良，外形突出美观，质量可靠，设备新颖多元化，是最理想选择的手提收录机。

C. 可以说这不仅是 SONY 的技术成果，而是本世纪最大的科学技术成就之一。

D. ××牌磁药系列产品集磁疗、药疗为一体，具有温经通络、活血化瘀，行气止痛。

（2）比较下列两则产品说明书，回答以下问题：

强力毕那命 40 驱（灭）蚊药片

本品为新型的电热驱（灭）蚊片。系引进日本原药，我厂包装制造。配以我厂生产之恒温电热驱蚊器使用，能达到有效驱（灭）蚊之效能。经广东省卫生防疫站检验测试，驱（灭）蚊效果良好。长期使用对人畜、婴幼儿、病弱人等无不良影响。气味芬芳，清新舒适。

高效无毒　高枕无忧

优点：无烟、无臭、无灰粉、无刺激。使您在清香卧室中安枕达旦，免受蚊虫侵扰之苦。安全可靠，对人体绝对无害，且不玷污食品、衣物及家私。

用法：将药片放入电热器金属板上，然后接通电源，药物即开始发挥作用。

室内有效药力范围 15 平方米。每片时效 8 ~ 10 小时。

药片如仅需要 2 ~ 3 小时，可切断电源，下次使用时再接通电源。

更换新药片时，必须先切断电源。

① 两则说明书的标题有何不同？

② 两则说明书的正文写法是否一样？用了什么写法？

③ 你认为哪一则写得好些？为什么？

第四节　广　告

1. 文体知识

广告是为了某种特定的需要，经过大众传播媒介，公开而广泛地向社会传递信息的一种宣传手段，它能使人们了解某事物的语言、文字和图像。

生活中的广告有狭义和广义之分。广义的广告包括经济广告和非经济广告。经济广告即商业广告，是指商品经营者或服务提供者承担费用，通过一定媒介或形式直接或间接地介绍自己所推销的商品或所提供的服务的广告。非经济广告即社会广告，是非商业性和非营利性的，目的在于维护国家与人民的利益。狭义的广告是指商业广告。

广告的种类很多，根据不同的划分标准可进行不同的分类。

商业广告按内容划分，可分为商品广告、劳务广告、企业广告；按表达方式划分，可分为间接广告与直接广告；按广告使用的媒体不同划分，可分为视听广告、印刷广告、户外广告，如路牌广告、销售现场广告，如橱窗广告、招牌广告等。

社会广告包括政府公告、公益广告、公民个人广告等。

广告的主要特点是：

（1）真实性。商业的广告在推介产品时，要以事实为依据，真实、健康、清晰、明白地向社会诉说商品的性能、用途及使用方法等。

（2）目的性。做广告的主要目的就是为了获得利润，销售产品和推销服务。在做广告的时候必须要牢记这一点，经济性是广告区别于其他文体的一个重要特点。

（3）艺术性。随着社会的发展、科学的进步，社会对广告也提出了越来越高的要求。除了实现经济目的外，广告也被当做一种艺术品来欣赏。在制作时，要把文字、图画、音响、实物多媒体结合在一起，这样才有较强的逼真性和艺术感染力。

（4）功利性。随着市场经济的发展，市场竞争也异常激烈，企业、商家增强竞争能力，既要靠高技术、高质量，又要借助与公共关系密切配合的、高水平的广告宣传活动，制作精良的广告既可以提高商品的竞争能力，又可以说服感染消费者，促进购买行为，为企业、商家带来良好的经济效益。

广告具有以下功能：一是传播信息，诱导说服；二是有利于塑造企业形象；三是方便沟通，促进销售，利于竞争。

设计广告方案要经历以下步骤：第一要充分了解广告的对象；第二要找出广告的特点；第三要围绕特点酝酿、构思。

2. 写作方法

广告的构成包括文字、视觉形象、音响等，在这里着重介绍文字广告的写作。文字广告一般由标题、正文、落款三部分组成。

（1）标题。

广告的标题是广告的内容集中体现的旗帜和眼睛，要充满魅力，让读者一见就被吸引。广告标题的设计必须要用简洁的语言来传达最有价值的信息。标题要言简意赅，放在最醒目的位置上，以起到充分宣传的效果。

广告的标题形式主要有以下三种：

① 直接性标题。即采用一语中的、开门见山的方式介绍广告正文中最重要的内容，语言表述力求简明、确切，如《金嗓子喉宝，入口见效》。

② 间接性标题。即用含蓄委婉且饶有兴趣的词句反映所要推销商品的信息，以刺激人们的购买欲望，如某石油公司在汽车加油站为其汽油产品所做的广告标题为《一路等候，为您加油》。

③ 复合式标题。它是直接性标题与间接性标题的综合运用，通常使用双行式标题：引题为间接性标题，以颂扬产品的风格特色而自然地引出正题；正题采用直接性标题的方式点名产品的名称。也有部分标题还另加一个副题，起补充说明作用。

（2）正文。

这里所说的正文也包括有声媒体中的声音说明和广告语。这也是广告的核心部分。正文的写法必须通俗，但同时又要紧扣主题，运用各种表现手法给读者留下深刻的印象。下面介绍几种最常见的体式：

① 证明体。其正文主要引用有关权威部门的鉴定评语、商品的获奖级别，或知名人士的

赞扬等内容，以此来提高商品的可信度。

② 陈述体。正文的写法大致分条款式和文章式两种，主要突出商品特点或系列商品的品种。

③ 对话体。正文中采用人物对话或问答的形式，巧妙地说明商品的特性、用途等信息。这种体式针对性强，有较强的说服力，多用于介绍高档耐用商品或新产品。

（3）落款。

广告的落款一般包括企业与经销点的名称、地址、电话、联系人或负责人姓名等。根据实际情况的不同，这些内容在落款处可全部写明，也可不写或只写其中一部分。这一部分内容一般不用什么修辞手法，而采用直接叙述的手法。

3. 例文导读

【例文一】

现代化的学习工具、高考竞争者的得力助手
全国第一家研制生产
GZ－A 型多功能记忆学习器

河北省献县冀中电子仪器厂研制生产的“多功能记忆学习器”，经中华人民共和国电子工业部产品质量监督检验中心鉴定，产品质量合格，该机性能技术指标符合国家标准，定为国内首创新产品。

该厂生产的“多功能记忆学习器”，是将电学与大脑生理学原理相结合，通过视觉—读者—刺激大脑的知觉神经—记忆中枢这个原理研制而成的，与其他类似产品的原理截然不同。该产品投放市场后，得到了全国各地广大用户的一致好评。调查反馈表明，该产品适合在学习各种科目时使用，尤其是适用于学习外语、记忆数学公式和物理化学原理。该产品能够有效增强记忆，提高使用者的学习成绩。

该厂备有现货，欢迎个人或经销单位购买，欲购者可到当地邮局汇款购买，批量购货也可银行汇款，按收款先后次序发货，每套售价 87.50 元，购买 50 套以上按出厂价，每套售价 78 元。该厂免费包装邮寄，不另收费，附有使用说明书。

汇款及联系地址：河北省献县冀中电子仪器厂供销科

开户银行：献县支行城关营业所

账　　号：650054048

电报挂号：1438

【简析】

这是一篇证明体广告。其标题“现代化的学习工具、高考竞争者的得力助手”抓住家长望子成龙的心理进行促销；“全国第一家研制生产”，告知社会在生产该类产品方面，自己有权威，暗示质量高、效果好。全文以第三人称叙述，目的是增强可信度。第一段告知社会该

产品经权威部门鉴定，质量有保证。第二段用原理和事实说明其功效。第三段介绍购买方式和价格。

【例文二】

试图使他们相会？

心爱的扣眼：你好，我是纽扣，你记得我们已经有多久没在一起了？尽管每天都能见到你的倩影，但肥嘟嘟的肚皮横亘在你我之间。让我们犹如牛郎与织女般地不幸。不过在此告诉你一个好消息，主人决定极力促成我们的相聚，相信主人在食用 DIPLOMA 脱脂奶粉后，我们不久就可以天长地久，永不分离。

【简析】

这是一篇 DIPLOMA 奶粉广告的平面广告文案，它采用陈述体书写，用生动的语言突出了商品“脱脂”的特点，独特的构思使人过目不忘。

【例文三】

这是国外一则《洗车站》的广播广告

美国人：啊，好……帝王大街洗车站，各种型号的车我们都洗，我们现在就在洗。
英国人：真的？
美国人：只要 1 美元 99 分，我们车都洗。
英国人：呀！
美国人：当然，如果加 5 加仑至 7 加仑汽油，洗车只收 99 美分。
英国人：天啦！
美国人：如果加满一箱，我们就免费洗车，什么样的车都洗。
英国人：太棒了！
美国人：而且我们每天都营业，除了星期天。南帝王大街 829 号。
英国人：你说你们什么车都洗？
美国人：你把那边那道门打开自己看看。
（音效：开门、溅水的声音）
英国人：啊……我的天！

【简析】

这是一篇对话体广告。这则广告开门见山，第一句即点明了公司名称，再介绍服务的内容与特色，在对话中步步深入地推出详细的促销信息。语言却轻松有趣，通俗易懂，对听众很有吸引力。

学与练

一、选择题

（1）商业广告最终以（　　）为目的。

A. 宣传　　B. 赞助　　C. 吸引　　D. 盈利

（2）下面不属于非经济广告的是（　　）。

A. 寻人启事　　B. 美化环境宣传

C. 声明作废　　D. 产品介绍

（3）“金利来，男人的世界”是广告的（　　）。

A. 标题　　B. 随文　　C. 标语　　D. 正文

（4）美国“博士伦”隐形眼镜标题是“画龙点睛与画蛇添足，龙年好在画龙点睛”属于（　　）。

A. 直接标题　　B. 间接标题

C. 复合标题　　D. 新闻标题

（5）“隐形的手套”是一种护手霜的广告标题，它是属于（　　）标题。

A. 直接标题　　B. 间接标题

C. 新闻标题　　D. 复合标题

二、判断题

（1）没有好的创意也会产生出优秀的广告。（　　）

（2）防止空气污染、美化经济环境、维护交通秩序、促进公共福利事业等内容的广告都是属于社会公益广告。（　　）

（3）优秀的广告创意不仅能快速、准确地传递商品信息，同时还应该有丰富的精神内涵。（　　）

（4）广告标语可以出现在正文的任何部位，一般情况下，独立于正文之外，作为广告相对独立的一部分。（　　）

（5）具备创新性是广告成功的关键。任何一件广告作品，人云亦云都会使人感到厌倦。（　　）

三、阅读下面这则报刊广告，存在哪些问题，并修改

销售广告

我厂生产以下文化用品：各种作业本、文具盒、各类笔、各种墨水、各种纸张、多种日记本等。

上述产品，质量优良，装帧美观，价钱合理，颇受国内用户好评。

欢迎来人来电来函订货。

本厂地址：××省××市

电话号码：×××××××××××

邮政编码：××××××

四、模拟分析练习

分析下面的广告有什么特点？如果你也给它做广告，你如何构思？请你给“劳特牌胶水”再写一则广告，文体不限。

“劳特牌”胶水

谁能用手把用劳特牌胶水粘到墙上的这枚金币揭下来，便归他所有。

第五节　招标书　投标书

（一）招标书

1．文体知识

招标，是在兴建工程、合作经营某项业务或大宗商品交易时，按照规定的标准和条件，对外公开邀请符合条件的国内外企业参与竞争报价，选择其中最佳对象为中标者，订立合同进行交易的经济行为。招标使用的文书叫做招标书，根据其发布形式，招标书又可称为招标公告（通告）、招标通知、招标启事等。

招标书具有明确性、竞争性、具体性和规范性的特点。

招标书按性质和内容分，有很多种类型，如：工程建设招标书、企业租赁招标书、大宗商品交易招标书、选聘企业经营者招标书、企业承包招标书、劳务招标书、技术引进或转让招标书等；按时间分，可分为长期招标书和短期招标书。

2．写作方法

招标书是提供有关招标项目具体情况和投标工作事项的文书。对指导招标有着十分重要的作用，也是中标后双方签订合同的重要依据。

招标书的结构包括标题、正文和落款。

（1）标题。

招标书的标题有四种形式：一是由“招标单位名称＋招标项目名称＋文种”构成，如《××公司××工程招标书》；二是由“招标单位名称＋文种”构成，如《××公司招标书》；三是由“招标书项目名称＋文种”构成，如《建筑安装工程招标书》；四是只写文种，如《招标通告》。

（2）正文。

招标书的正文包括前言、主体和结尾三个部分。

前言简要说明招标目的、依据和招标项目名称、资金来源等。

主体分条写明招标的具体内容。包括标的概况、招标范围、投标方法、投标程序、投标资格、质量及技术要求、合同规则、权利义务、保证条件、支付办法及招标的起止时间、开标的时间和地点等。可采用图表说明。

结尾写明招标单位的名称、地址、代表人、电话号码和传真等。

（3）落款。

招标书的落款包括招标单位的名称、法人代表、签署日期等。

招标书的写作要求：

一是招标书中的条件必须符合国家有关政策和法律法规，要正确处理好国家、招标单位和投标者三者之间的关系。发布重要的招标公告，必须得到上级主管部门的批准，以使招标公告具有权威性，也使投标者有信任感。

二是招标内容要简明扼要，重点突出；向投标者提出的质量标准和技术规格方面的要求和条件，要明确具体。

三是文字要准确、得体，标点要正确清楚，以免发生歧义。招标书的篇幅不宜过长。

3. 例文导读

【例文一】

天地大厦建筑安装工程招标书

为了提高建筑安装工程的建设速度，提高经济效益，经市建工局批准，天地公司对天地大厦建筑安装工程的全部工程进行招标。

一、招标工程的准备条件

本工程的以下招标条件已经具备：

1. 本工程已列入北京市年度计划；

2. 已有经国家批准的设计单位出具的施工图和概算；

3. 建设用地已经征用，障碍物已全部拆迁；现场施工的水、电、路和通讯条件已经落实；

4 资金、材料、设备分配计划和协作配套条件均已分别落实，能够保证供实，使拟建工程能在预定的建设工期内，连续施工；

5. 已有当地建设主管部门颁发的建筑许可证；

6. 本工程的标底已报建设主管部门和建设银行复核。

二、工程内容，范围，工程量，工期，地质勘察单位和工程设计单位（见附表）

三、工程可供使用的场地，水，电，道路等情况（略）

四、工程质量等级，技术要求，对工程材料和投标单位的特殊要求，工程验收标准（略）

五、工程供料方式和主要材料价格，工程材料和投标单位的特殊要求，工程验收标准（略）

六、组织投标单位进行现场勘察，说明和招标文件交底的时间，地点（略）

七、报名，投标日期，招标文件发送方式

报名日期：2003 年 5 月 4 日

投标期限：2003 年 5 月 10 日起至 2003 年 5 月 30 日止

招标文件发送方式（略）

八、开标、评标时间及方式，中标依据和通知

开标时间：2003 年 6 月 10 日

评标结束时间：2003 年 6 月 30 日

开标、评标方式：建设单位邀请建设主管部门，建设银行和公证处参与。

中标依据及通知：本工程评定中标单位的依据是工程质量优良，工期适当，标价合理，社会信誉好，最低标价的投报单位不一定中标。所有投标企业的标价都高于标底时，如属标底计算错误，应按实况予以调整；如标底无误，通过评标剔除不合理的部分，确定合理标价和中标企业。评定结束后五日内，招标单位通过邮寄（或专人送达）方式将中标通知书送发给中标单位，并与中标单位在一月内签订天地大厦建筑安装工程承包合同。

九、其他（略）

本招标方承诺，本招标书一经发出，不得改变原定招标文件内容，否则，将赔偿由此给投标单位造成的损失。招标单位按照招标文件要求，自费参加投标准备工作和投标，投标书（即标函）应按规定的格式填写，字迹必须清楚，必须加盖单位和代表人的印鉴。招标书必须密封，不得逾期寄达。投标书一经发出，不得以任何理由要求收回或更改。

在招标过程中发生争议，如双方自行协商不成，由负责招标管理工作部门调解仲裁，对仲裁不服，可诉诸法律。

建设单位：天宇公司

地址：海淀区光明路 5 号

联系人：高明

电话：(010) 12345678

施工图纸，勘察、设计资料和设计说明书（略）

天宇公司

× 年 × 月 × 日

【简析】

这是一份建筑安装工程招标书，前言简明扼要地说明了招标的目的、依据及公开招标的意义。正文从九个方面对招标项目作了较为详细的说明。结尾写明了招标单位名称、地址、电话等。落款部分也内容齐备。整篇应用文格式规范，语言简洁。

【例文二】

西华大学办公楼物业管理招标公告

一、项目名称：西华大学办公楼物业管理招标

二、交标书日期：于2008年12月19日下午16：00前。具体附件请在西华大学后勤（资产）管理处网页（202. 115. 144. 48）“文件下载”处下载

三、交标书地点：成都市西郊 西华大学资产管理处综合科（校本部），邮编：610039

四、联系人及联系电话：薛老师、陈老师 028－87720091

西华大学资产管理处

2008年12月11日

【简析】

这是一份招标公告，它是招标单位面向社会在一定范围内张榜公布招标目的、目标以及与此相关的某些具体事宜的告知性文书。

（二）投标书

1. 文体知识

投标，是对招标的响应，是竞做承包者的行为，指承包者按招标的标准和条件，报出自己愿意承担的价格和要求，投送给招标单位，力争成为中标者的一种经济行为。投标使用的文书叫做投标书。投标文书又可称为投标申请书，投标函、标书等。

投标书具有针对性、求实性和合约性的特点。

投标书按形式分类，可分为企业投标书、全员投标书、合伙投标书、个人投标书；按性质和内容分类，可分为租赁企业投标书、承包企业投标书、大宗商品投标书、聘任经营者投标书等；按时间分类，可分为长期投标书与短期投标书；按范围分类，可分为内部投标书与外部投标书，国内投标书与国际投标书。

招标书与投标书具有以下作用：一是宣传鼓动的作用；二是沟通信息的作用；三是约束双方言行的作用；四是规定时效的作用。

2. 写作方法

投标书一般由标题、上款、正文、落款四个部分组成。

（1）标题。

招标书的标题有四种形式：一是由“投标单位名称＋投标项目名称＋文种”构成，如《××建筑公司××项目投标书》；二是由“投标单位名称＋文种”构成，如《××建筑工程公司投标书》；三是由“投标项目名称＋文种”构成，如《××建筑安装工程投标书》；四是只写文种，如《投标书》、《标函》。

（2）上款。

在标题下方左边顶格写明招标单位或招标办公室全称。

（3）正文。

投标书的正文结构包括引言、主体和结尾。

引言揭示投标依据，简要表明投标的态度。

主体写明两方面内容：一是根据招标书提出的目标、要求，明确投标期限及投标形式，拟定标的，填写标单等。二是介绍投标企业的现状，写明实现指标、完成任务的技术组织措施。

结尾按招标书的要求，写明投标单位的态度和保证事项。

（4）落款。

写清投标日期，投标单位名称、联系方式等。如有附件则附在文后。

投标书的写作要求：

一是必须认真研究招标书，积极挖掘内部潜力并充分利用外部力量，提出自己的切实可行而又先进合理的标价。

二是投标书的内容要具体清晰，要紧紧围绕招标事项，提出有针对性的切实可行的措施。

三是投标书应严格按照招标的要求和条件编制，并按规定格式填写，做到内容齐全，格式规范，表达简明具体，字迹清楚整洁。

四是撰写之后要认真检查，防止疏漏。最后加盖单位公章和法人代表印章。

3．例文导读

【例文一】

天地大厦建筑安装工程投标书

天地公司招标办公室：

在研究了天地大厦建筑安装工程的招标条件和勘察、设计、施工图纸，以及参观了建筑安装工地以后，经我们认真研究核算，愿意承担上述全部工程的施工任务。我们的投标书如下：

一、标函内容（略）

包括工程名称、建筑地点、建筑面积、建筑层数、结构形式、设计单位、工程内容、包干形式等。

二、标价

总造价：100 万元（直接费、间接费、材料差价）

每平方米造价：100 元（直接费、间接费、材料差价）

其他（略）

三、工期（略）

包括开工日期、竣工日期、合计天数等。

四、质量（略）

达到等级、保证质量主要措施、施工方法和选用施工机械等。

五、投标企业概况（略）

企业名称、地址、所有制类别、审定企业施工级别、平均人数。

六、企业简历（略）

七、技术力量（略）

工程师以上人数、助理工程师人数、技术员人数、五级以上人数、平均技术等级。

八、施工机械装备情况（略）

九、营业执照（略）

批准机关、执照号码。

我们特此同意，在本投标书发出后的30天之内，都接受本投标书的约束，愿在这一期间（即从2003年5月10日起至2003年6月9日止）的任何时候接受贵单位的中标通知。一旦我们的投标被接纳，我们将与贵单位共同协商，按招标书所列条款的内容正式签署天地大厦建筑安装工程施工合同，并切实按照合同的要求进行施工，保证按质、按量、按时完工。

我们承诺，本投标书（标函）一经寄出，不得以任何理由更改，中标后不得拒绝签订施工合同和施工；一旦本投标书中标，在签订正式合同之前，本投标书连同贵单位的中标通知，将构成我们与贵单位之间有法律约束力的协议文件。

投标书发出日期：2003年5月10日9时

投标单位：辉煌建筑公司（公章）

企业负责人：万明光（盖章）

联系人：杨杰（盖章）

电话：（010）34567899

地址：永定路2号

附件：辉煌建筑公司相关资料（略）

辉煌建筑公司

×年×月×日

【简析】

这是对应（例文一）招标书而写的投标书。该投标书说明详尽、格式规范、语言简洁明确。引言部分简洁明了的说明了投标依据和态度，用“我们的投标书如下”领起下文。主体部分从九个方面说明了该工程公司符合招标书提出的目标和要求，并做出诚恳承诺。落款部分内容齐全、条款完备。

【例文二】

投标函

致：中铁十五局集团临沂置业有限公司

1. 根据已收到中国铁建·东来尚城一期铝合金门窗制作、安装工程的招标文件，我单位经考察现场并研究上述工程招标文件，我方愿以人民币伍佰伍拾零万伍仟捌佰叁拾伍元柒角贰分（￥：5505835. 72）的投标报价按招标文件要求承包本次招标范围内的全部工程制安装及保修工作。

2. 我方承诺响应招标文件的所有条款。

3. 我方完全理解贵方无义务必须接受最低报价的投标并有权拒绝所有的投标，一旦我方中标，我方保证立即进行开工前的准备工作，并在开工令下达后立即开工，并在招标文件要求的竣工时间内竣工。

4. 我单位保证工程质量达到国家及行业规定的生产和验收标准。

5. 如果我方中标，我方将按照招标文件的要求向贵方提交规定数额的履约保证金并履行其他应尽义务。

6. 我方同意在招标文件中规定的投标有效期内，本标书始终对我方有约束力且随时可能按此标书中标。若中标单位违约，被贵方清理出场，我方同意（同意或不同意）在接受贵方通知后，立即组织出场，并按我方投标报价签订剩余工程量的合同。

7. 如果我方中标，贵方的中标通知书和本标书将构成约束我们双方的合同的组成部分。

投标人认为其他需要承诺的内容：（略）

投标人：临沂市恒泰装饰工程有限公司

法人代表或授权代理人：（签章）

单位地址：临沂市××街××号

邮政编码：150001

电话：0451－82621622

日期：2011 年 11 月 2 日

【简析】

这是一份投标函，格式规范，内容齐备，语言表述简洁明了。

学与练

（1）招标书和投标书的分别由哪几个部分组成？

（2）招标书和投标书的特点分别是什么？

（3）阅读下面这份投标申请书，分析它的结构。

投标申请书

武宁县建设局、国土资源局、房产管理局：

经认真阅读武宁县老城区朝阳路北侧原船舶运输区段旧城改造项目与国有建设用地使用权出让文件，我方完全接受并愿意遵守招标文件中的规定和要求，对所有文件均无异议。

我方正式申请参加你局于 2008 年 8 月 19 日在武宁县国土资源局二楼交易服务大厅举行的旧城改造项目与国有建设用地使用权出让招标活动。

我方愿意按招标文件规定，交纳投标保证金人民币贰佰万元（￥2,000,000.00）。

若能中标，我方保证按照旧城改造项目与土地出让招标文件的规定和要求履行全部义务。

若我方在此次旧城改造与国有建设用地使用权出让招标活动中，出现不能按期付款或有其他违约行为，我方愿意承担全部法律责任，并赔偿由此产生的损失。

特此申请和承诺。

申请单位：××××××××××（加盖公章）

法定代表人（或授权委托代理人）签名：×××

联 系 人：×××

地　　址：×××市××区××

邮政编码：××××××

电　　话：××××××

申请日期：2013 年 10 月 23 日

第五章 传播应用文

第一节 消 息

1. 文体知识

消息，通常又叫新闻。新闻，又有广义和狭义之分。广义的新闻，包括消息、通讯、报告文学、特写、评论、调查报告等多种新闻文体。狭义的新闻，单指消息一种文体。

消息，就是以概括叙述的方式，对新近发生的或发现的有社会价值的事实的简短报道。

消息从写作角度可分为：动态消息、经验消息、综合消息、述评消息。

2. 写作方法

（1）标题。

消息的标题有三个类型：单行标题、双行标题多行标题。

① 单行标题。只有一个主标题，要求做到简明、醒目、对消息内容加以高度概括。

② 双行标题。双行标题有两种：一种由引题、正题组成；还有一种由正题、副题组成。在正题之上的称引题，其作用是概括介绍消息的背景、烘托气氛，以引出正题；正题又称主标题，其作用是概括介绍消息的主要内容，或点明中心思想；放在正题之下的称副标题，主要起补充说明正题的作用。

③ 多行标题。多行标题有两种：一种是引题、正题、副题都有；还有一种在引题、正题、副题之后再写提要题。多行标题一般用于内容较多、篇幅较长、意义重大的消息。

消息标题的制作是新闻写作的一项基本功。消息标题的基本要求是精练、确切、醒目、新颖，在此基础上要求生动、感人。因此，在制作标题时，要注意引题与正题、副题与正题的关系，互相配合；要注意各种标题的各自作用和分工，虚实结合，相得益彰。

（2）导语。

导语是消息的开头，是消息的第一句或第一段，用简要的文字说明全文的要点，点明主题。消息的内容呈倒金字塔结构，所以导语包括的信息量最大。导语写作的基本要求是，要用简洁的语言揭示出消息中最新鲜、最主要的事实，以吸引读者的阅读兴趣。

导语常见的写作方式：① 叙述式；② 描写式；③ 提问式；④ 评论式；⑤ 引语式。

（3）主体。

主体部分的材料安排，主要采用如下两种方式：① 时间顺序；② 逻辑顺序。

（4）背景。

常见的背景材料有三种：① 对比性材料；② 说明性材料；③ 注释性材料。

(5) 结尾。

分为小结式、展望式、启发式。有的消息没有结尾。

3. 写作范例

【例文一】

一分耕耘一分收获
张龙龙刷新我校25年的跳高纪录

本报讯 又是一场欢呼！10月13日上午，研究生院研一学生张龙龙在我校男子组跳高比赛中以1.83米的优异成绩打破了尘封25年的1.81米的原记录。

张龙龙每年都参加运动会，除了大二那一年的失常发挥，其余每届都是跳高比赛的冠军。但是往年他都没能打破前辈创下的纪录。对此，他说："那一直是我的目标。"

在前面的预赛中，他都通过得比较轻松，一脸从容淡定的样子。到最后的决赛，剩下他一个人挑战记录的时候，他往后退，拉长了助跑的距离。助跑前，他站在那里看着标杆，若有所思。第一跳，由于他的脚没有收缩好，碰到了标杆，标杆掉下来了。第二跳，是他又拉长了助跑的距离，在助跑点注视标杆很久，似乎在和标杆对话，他跑过去了，脚收缩得很好没有再碰到标杆，腰部发力到位，可是他的手却又碰到了标杆。还剩最后一次机会，要是还没有过，破记录的目标就只能等到明年了。从跳高垫下来后，他缓缓走到起跑点，一直往后退，退了很长一段距离后，他站定，做好起跑的姿势后又起身放松一下，再俯身，他凝视着标杆，看了许久。终于，他冲过去了，在起跳点一跃，过了！以完美的姿势！

在事后看视频时发现，这一跳超过了1.83米的标杆好多，于是他给自己定的下一年目标是冲刺1.9米。

【简析】

这是一则典型的动态消息。采用了双行标题，由引题、正题组成。导语概括出了这则消息的主要内容，主题部分交代具体过程和背景材料，结尾指出了新目标。选材详略得当，语言生动、简洁。

【例文二】

中国楼市遭遇最严厉调控

全国人大常委称楼市限购政策太严厉呼吁调整

十一届全国人大常委会第二十三次会议于2011年10月26日成功召开，会议分组审议了国务院关于城镇保障房建设和管理工作情况报告，并对以后工作提出意见和建议。

全国人大常委会组成人员对两个报告充分发表意见建议。全国人大财经委副主任委员吴晓灵在审议保障房建设和管理工作情况报告时表示，目前的公租房建设政府包揽太多，要发展租赁市场，应调整小产权房政策及过于严厉的限购政策。住建部部长姜伟新受国务院委托向全国人大常委会报告城镇保障性住房建设和管理工作情况时表示，“十二五”时期的保障性住房将重点发展公租房，特别是人口净流入量大的大中城市要较大幅度提高公租房的建设比重。对此，全国人大财经委副主任委员吴晓灵在分组审议时表示，近年来，政府在保障性住房问题上思路逐渐清晰，这值得肯定，但仍存在一些问题。吴晓灵主张，要发展租赁房市场，当前有两个政策应该做出调整。首先需要调整的是小产权房政策。吴晓灵说，对于外来务工人员，很多城市周边农民盖的房子就是他们租房的来源。此外，吴晓灵认为，过于严厉的限购政策影响形成更多的市场化出租房屋，也应进行调整。

她表示，调控房价应抑制对房屋的过度投机，而不是抑制老百姓的投资性购房。吴晓灵说，可以用增值收益税收递减的方式限制过度地炒作房屋。比如第一年卖房子可以征50%到70%的增值收益税，然后逐渐递减，每增加一年就少一些税收，让他们长期持有房屋用来出租。此外，应用征收房产税的方式，在扣除一定的住房面积之后，对存量房进行征税，这样就可以加大对持有人的现金流的压力，可以鼓励一些人用投资房来出租。吴晓灵还表示，希望国家加速建立财产登记制度，这样做既能保证居民的合法收入，又能够做到反腐败，还可以让大家公平地享受在住房问题上的待遇。

通过此次会议可以看出楼市限购政策在新的一个季度取得显著的成效，但也存在着很多问题，我们以后的楼市限购调整政策还需要进一步探索与研究。

【简析】

这是一则典型的评述性消息，标题是由正题和副题组成的双行标题。正题概括介绍了消息的主要内容，副题对正题起了补充说明的作用。正文的导语部分简要介绍了会议主要内容，主体部分引用了全国人大财经委副主任委员吴晓灵的报告内容，结尾做出了分析和评论，指出楼市限购政策取得的效果和存在的问题。

【例文三】

我校首届校园管乐节圆满成功

本报讯 5月15、16两日，悠扬而动感的音乐打破了校园昔日的沉寂。由校团委主办的以“迎农大七十周年庆，展校园管乐风采”为主题的我校首届校园管乐节成功举办。

15日晚，管乐节专场音乐会在大礼堂开幕，会场嘉宾云集。南昌大学军乐团、城市学院交响管乐团及其韩籍教授李根浩应邀出席，我校副校长王华林教授、廖为明教授，校长助理胡春晓教授、徐斌华教授及我校上千师生观看了演出。

本次专场共安排有18首精彩曲目，伊始军乐团一队队员以其精湛的技艺，高超的水平演奏《鼓乐》、《春天的故事》等四首曲目。16日下午，一位去观看的学生还对我说：“我现在脑海里一直回荡着《喜悦组曲》的旋律，真是余音绕梁，三日不绝啊！”

在铜管乐器演奏《双鹰旗下》时，台下听众不由自主地在其强烈的节奏感下整齐的以鼓掌的形式为其伴奏。

在中场，不断的有些大人带着小孩进来观看，而当《烟花易冷》及《蝶恋》上演时台下顿时安静了，连小孩的嘈杂声也没有了。

演出结束时，韩籍教授李根浩上台发言，他说我们的乐团可以算得上是具有（业余的）国家级水平。

在音乐会后一位观众对我说："我很庆幸自己来欣赏了他们的演出，那是视觉和听觉的盛宴。谢谢他们!"

16 日上午，是管乐节的露天展演活动，军乐团展出"管乐一条街"。乐团队员早早的布置好了一个个设展帐篷。10 点左右，南区门口乐团队员为大家露天演奏。由于天气原因，演奏时下起了雨，可是队员们没有一个离开，还是坚持为大家演奏完了。

演奏完毕，露天管乐展演开幕。每个帐篷里都吸引了不少同学赏玩乐器，其中动感劲爆的打击乐声部的帐篷人气最旺。展演一直到 12 点结束，让同学们充分享受到接近、了解并尝试吹奏乐器的乐趣。

【简析】

这是一则综合消息，采用了单行标题。导语简要概括了消息的主要内容，正文分别写出了音乐节两天内举办的活动具体情况，因为新闻事实在主体中已经交代清楚，所以就没有再加结尾。

学与练

请根据下列信息内容写一篇消息。

时间：2013 年 10 月 20 日—23 日

地点：学校后操场

事件：我校举行了第十三届秋季田径运动会，内容包括了开幕式；广播操比赛；各类田径比赛。其中男子跳远、女子跳高、铅球等五个项目打破了学校记录。

第二节 演讲稿

1. 文体知识

演讲，即讲话与演说。它是在公开场合，面对听众，就某个问题或围绕某个中心发表意见、阐明道理、抒发感情，从而影响和感召听众的一种口头独自体的说话形式。演讲稿又称演说词，是演讲者在演讲前事先准备的供演讲使用的文稿。许多伟大的思想家、政治家、军事家、科学家和社会活动家，都曾为传播进步思想、伸张正义、抨击黑暗、唤起民众和宣传科学而进行过彪炳青史、感人至深的著名讲演。一次成功的讲演，能有效地与听众交流，引起听众思想和感情上的共鸣。成功的讲演离不开好的讲演稿。

根据表达方式的不同，演讲稿一般可以分为议论型演讲稿、叙事型演讲稿、抒情型演讲稿三种。

2．写作方法

演讲稿的内容一般包括标题、称谓、开场白、正文、结尾五部分。

（1）标题。

演讲稿标题的类型主要有：提要型标题，如《把青春献给人民的教育事业》；象征、比喻型标题，如《扬起生命的风帆》；警句型标题，如《天下兴亡，匹夫有责》；设问型标题，如《谁来保卫新世纪的中国?》；抒情型标题，如《我自豪，我是共青团员》。

（2）称谓。

演讲者对听众的称谓应自然、亲切、得体，以拉近与听众的感情距离，唤起听众的注意。称谓在写演讲稿时一般放在标题下面，但在演讲时可先用称谓，再讲“我今天演讲的题目是《× × × ×》”；也可先用称谓，再来句开场白，然后自然引出标题。

（3）开场白。

开场白是演讲稿中很重要的部分。好的开场白能够紧紧抓住听众的注意力，为整场演讲的成功打下基础。常用的开场白主要有以下几种方式：提问式、悬念式、揭示主题式、警句式、故事式等。总之，开场白的原则是切题和镇场。

（4）正文。

正文是整篇演讲的主体，必须有重点、有层次、有中心语句。演讲主体的结构方式在不同类型的演讲稿中是有所区别的：议论型演讲稿的正文可采用议论文的论证结构方式，如总分式、并列式、对照式、层进式。叙事型演讲稿的正文，可按事件发展的过程安排纵向式结构，也可按事物的类别、属性的不同安排横向式结构。抒情型演讲稿的正文可按感情变化的线索来安排纵向式结构，也可用排比段、议论中心句体现结构层次的清晰性。总之，由于演讲材料是通过口头表达的，为了便于听众理解，各段落应上下连贯，段与段之间有适当的过渡和照应。

（5）结尾。

结尾起着深化主题的作用，可以用感谢、展望、鼓舞等语句作结。最好能鼓起激情，发人深省，耐人寻味，让听众在反复回味中受到教育和启发，给人留下深刻的印象。

需要特别注意的是，演讲稿的语言运用很重要。语言运用得好还是差，对写作演讲稿影响极大。要提高演讲稿的质量，不能不在语言的运用上下一番工夫。写作演讲稿在语言运用上应注意以下三个问题：

① 要口语化。“上口”、“入耳”这是对演讲语言的基本要求，也就是说演讲的语言要口语化。演讲，说出来的是一连串声音，听众听到的也是一连串声音。听众能否听懂，要看演讲者能否说得好，更要看演讲稿是否写得好。如果演讲稿不“上口”，那么演讲的内容再好，也不能使听众“入耳”，完全听懂。由于演讲稿的语言是作者写出来的，受书面语言的束缚较大，因此，就要冲破这种束缚，使演讲稿的语言口语化。为了做到这一点，写作演讲稿时，应把长句改成短句，把倒装句必成正装句，把单音词换成双音词，把听不明白的文言词语、成语改换或删去。演讲稿写完后，要念一念，听一听，看看是不是“上口”、“入耳”，如果不那么“上口”、“入耳”，就需要进一步修改。

② 要通俗易懂。演讲要让听众听懂。如果使用的语言讲出来谁也听不懂，那么这篇演讲稿就失去了听众，因而也就失去了演讲的作用、意义和价值。为此，演讲稿的语言要力求做到通俗易懂。

③ 要生动感人。好的演讲稿，语言一定要生动。如果只是思想内容好，而语言干巴巴，那就算不上是一篇好的演讲稿。广为流传的恩格斯、列宁、斯大林的演讲，毛泽东的演讲，鲁迅的演讲，闻一多的演讲，都是既有丰富深刻的思想内容，又有生动感人的语言。语言大师老舍说得好："我们的最好的思想，最深厚的感情，只能被最美妙的语言表达出来。若是表达不出，谁能知道那思想与感情怎样好呢？"由此可见，要写好演讲稿，只有语言的明白、通俗还不够，还要力求语言生动感人。

怎样使语言生动感人呢？一是用形象化的语言，运用比喻、比拟、夸张等手法增强语言的形象色彩，把抽象化为具体，深奥讲得浅显，枯燥变成有趣。二是运用幽默、风趣的语言，增强演讲稿的表现力。这样，既能深化主题，又能使演讲的气氛轻松和谐；既可调整演讲的节奏，又可使听众消除疲劳。三是发挥语言音乐性的特点，注意声调的和谐和节奏的变化。

3. 写作范例

【例文一】

爱我中华情

于玉光

有一位母亲比母亲更亲，那便是——中国。

可记得这一位"母亲"？她飘散的长发是千万条悠悠贯穿的河川；她的背脊，虽老迈仍硬朗，是五岳，是阴山，是祁连，是……那宽大而慈爱的脸膛，是青藏连接云贵吧！她伸展的手臂从东北的谷仓，到长江的沿岸，到珠江的三角洲，那一片无尽的沃土，是她温暖的双手。啊！母亲！您的胸膛隐藏着多少灿烂的血泪史。曾经，你骄傲过，自豪过；也曾经，你黯然神伤过，愤怒过。在宇宙无垠的岁月里，您孕育了长青的江水，也培育出千千万万属于您的孩子。

这一群"母亲"的孩子，他们有一个共同的名字，叫做中国人。他们也有许多共同的特征——崇尚自由，爱好和平，追求真理，注重礼仪。他们含蓄而诚恳，勤俭而乐天，在他们的生活中，处处充满了绚丽的色彩——金黄、翠绿、朱红、靛蓝。他们向往自然，爱恋自然，对于万物有着浓浓的情谊。李白躺在床上，看见窗外的月光，因而想起自己的故乡，"床前明月光，疑是地上霜。举头望明月，低头思故乡"。将个人的感情与自然融合为一，凝结成一种潇洒而美丽的诗情。

李白多情，白居易也多情。唐明皇与杨贵妃的相爱，原来是一种平凡的男女爱恋，但是经过香山先生巧妙的构思，精致的渲染，便成了一段富于色彩的传奇故事，"在天愿作比翼鸟，在地愿为连理枝，天长地久有尽时，此恨绵绵无绝期"。多么令人柔肠寸断的诗句！道尽天下有情人共同的期盼。王维独居空山幽谷，却不觉孤寂，浑然有万物皆我友朋的情怀，

“独坐幽篁里，弹琴复长啸，深林人不知，明月来相照”。使自己的生活艺术化、情趣化，不也正是古今人人所追求的吗？南国情柔，北国情壮，万里长空下，一片碧绿的草原，风吹草浪，几只巨鹰旋空而鸣，斛律金虽自小生于斯，见此壮美的景观，也不得不有感而发，“敕勒川，阴山下，天似穹庐，笼盖四野，天苍苍，野茫茫，风吹草低见牛羊”。其实，月儿本无情，故事本身也不具有神仙味儿，群山之所以予人娴静，草原之所以予人壮丽之感，都是因为多情的这个人赋予它们生命，使它们鲜活，使它们富丽。

“母亲”的孩子啊！可忆起北平的紫禁城，湖南的岳阳楼，青海的凄寒，西湖的柔美，长江的浩浩，黄河的滔滔？骨肉同胞情，激起了“母亲”每一个孩子的热血、热泪、热情，让正义之血喷涌吧！让自由之泪洒落吧！让真理之情坚定吧！

【简析】

古人说：“情者文之经。”这篇演讲稿令人动容，催人奋发，就在于通篇燃烧着炽热的爱国情感。

演讲稿一、二节抒发对祖国母亲的爱。先描绘她的悠远历史，赞美她幅员辽阔、山河壮丽，流露的是自豪之情；再叙述她的悠远历史，既肯定她有过辉煌灿烂的容颜，也不讳言她淌过黯然辛酸的血泪，流露的是欣慰和痛惜交织的深沉之情；第三节转而抒发对祖国母亲的孩子——中国人的爱。

综写共同特征后，举李白、白居易、王维、斛律金为例，分别加以引证，讴歌了我们炎黄子孙高尚的道德情操、完美的性格修养、多彩的生活情趣，流露的是昂扬之情；末节抒发台湾和海外的同胞日夜思念祖国，及早扑进祖国母亲怀抱的热切愿望，流露的是眷恋之情。

排比句的大量运用，把滔滔奔涌的爱国激情表达得酣畅淋漓；作者丰富的历史、地理和古诗文常识，更使文章议论有据，情趣横添。

【例文二】

奋斗与目标

同学们：

大家好！我先给大家讲个故事。

在非洲的一片茂密的丛林中，走着四个皮包骨头的男子，他们扛着一只沉重的箱子，在密林里踉踉跄跄地往前走。他们跟随队长进入丛林探险，可是，队长却在任务即将完成时患急病而不幸长眠于林中了。临终前队长把他亲自制作的箱子托付给他们，并十分诚恳地说：“如果你们能把这个箱子送到我的朋友手里，你们将得到比金子还贵重的东西。”

埋葬了队长以后，他们便扛着箱子上路了。道路越来越难走，他们的力气也越来越小了，但他们仍然鼓着劲往前走着。

终于有一天，绿色的屏障突然拉开，他们历经千辛万苦之后终于走出了丛林，找到了队长的朋友。可是那个朋友却说：“我一无所知啊！”于是，打开箱子一看，竟是一堆无用的木头。

就这么个故事，看起来，队长给他们的只是一箱无用的木头。其实，他却给了他们行动的目的，使他们获得了“比金子还贵重的东西”——生命。从哲学角度上讲，人不同于其他动物之处，就在于人具有高级思维能力。所以人不能像其他动物一样浑浑噩噩地活着，人的行动必须有明确的目的和奋斗的目标。

在座的各位都是我们高级中学的学生，我们的目标就是努力学习文化知识，成为祖国需要的合格人才。让我们为这个目标而奋斗吧！

谢谢大家。

【简析】

用小故事讲大道理是本文的一大特点。

开篇用讲故事作为演讲的开头，很能吸引观众，调动观众的注意力。故事充满神秘、出人意料又在情理之中的结局，引人入胜，发人深省，道理蕴藏在故事之中，寥寥几笔，简洁准确地概括、升华，使整篇文稿干净清爽，毫无拖沓之感。最后一段烘托出演讲的目的：我们的目标就是努力学习文化知识，成为祖国需要的合格人才。可谓情到深处，理到峰顶，自然而出。

学与练

（1）请以“竞争”为话题，写一篇演讲稿，要求：恰当采用演讲稿技巧，观点鲜明、材料充分、结构合理，语言生动，500 字左右。

（2）请为一篇以“自信”为话题的演讲稿分别写一个开头和一个展望未来式结尾。

第三节 广播稿

1. 文体知识

广播稿就是为了广播需要而准备的草稿，是广播媒体中经常使用的各种新闻类文体的统称。广义地讲，广播稿就是为了广播或广播电台的播出需要，所专门采写的文稿及相关音频资料。它主要包括消息、通讯、评论、访谈和录音报道等；狭义地讲，就是专为广播而采写的各类新闻稿件，特别是针对“新闻联播”节目而采写的消息或小通讯。

较之其他媒体形式而言，广播有其独到和特殊的地方，那就是靠声音来传递信息，受众通过听觉来获取与感知其信息内容。它的特点是：

（1）传播速度快；

（2）传播范围广；

（3）可听性强。

其中可听性强势广播稿最基本的特点。所谓可听性强，主要指广播稿的内容能吸引听众，所表述的语言使听众一听就懂。

2. 写作方法

广播稿在写作法则上，与写其他媒体稿件并无本质上的不同，都得遵循写作的一般程式和规则，都要费心费力地经营开头、主体和结尾三部分。然而，所不同的是，广播稿它是通过声音与听觉结合并相互作用的形式而体现出的一门语言艺术。在此，仅就广播稿的特殊之处，予以强调。

（1）篇幅要短小精悍。广播稿的篇幅要比报刊上的新闻报道短小。要使篇幅短下来，首先主题要集中，其次是选材要精当，组材要详略得当。

（2）结构要严谨和清晰。为了增强可听性，广播稿一般不采用网状形、纵横交叉式等复杂的结构方式，大多采用时间顺序结构或逻辑结构。具体要求有三点：一是主线单一，一篇稿件只围绕一个中心问题来写；二是构思新颖，能吸引听众的注意力；三是层次分明，上下连贯，过渡自然，前后照应，使听众听完全文后对主要内容已了然于胸。

（3）语言表达必须通俗易懂、明白通畅。广播稿的语言应通俗化、口语化，力求做到念起来顺口，听起来顺耳，明白流畅，使人一听就懂，绝不产生误解。为此，必须注意以下几点：不用或尽量少用文言词或半白半文的词句；不用同音不同义的词；在交代人名、地名、单位名时，应用名词直接点明，尽量少用人称代词和指示代词；少用长句和多重复句。

3．写作范例

【例文一】

联合国官员和专家对新都中学人口教育工作十分赞赏

本站消息：新都中学人口教育教师吴天海今天在他的办公室里，拿着一本厚厚的笔记本告诉本站记者：联合国官员和专家对新都中学五年多来的人口教育工作十分赞赏。人口教育是贯彻“计划生育”基本国策的战略措施。早在七十年代初，周总理就倡导在中学生中进行人口教育。1980 年 3 月，根据我国政府与联合国人口活动基金会签订的中学人口教育项目协定，新都中学被列为全国十所试点中学之一。五年多来，这所中学已经有 1200 多名高中学生系统接受了人口科学基础知识和人口政策教育。去年底，学生写的 5 份专论被提交联合国教科文组织亚太区教育处。

1984 年 3 月 17 日，联合国教科文组织人口教育顾问沙尔马博士来新都中学视察，他作了这样的评价：“我对你们卓有成效的人口教育表示十分赞赏”。

去年 10 月 16 日。联合国人口活动基金审评小组全面审评新都中学人口教育工作后，一致表示满意。当审评小组成员海迪·斯温德尔斯女士听了几位学生用英语汇报学习人口教育知识的体会后，高兴地说：“我要把你们写的心得带回纽约，让我的女儿拿到学校去念，使他们更好地了解你们”。

今年 3 月，联合国人口活动基金审评小组在给联合国的审评报告中写到：“政府官员、教员和学生的高度主动性是非凡的”。“那些教师和学生将人口教育的信息传递到他们的村庄，例如，劝说他们的亲属遵循一对夫妇一个孩子的政策”。

今年 9 月 23 日。联合国计划开发署驻华代表孔雷风委托他的夫人访问新都中学后，称赞这个学校的人口教育搞得好，写下了热情洋溢的题词：“向新都中学学习”。

【简析】

这是一篇报道内容为联合国官员对新都中学人口教育工作的赞赏的广播稿，它分别按照时间顺序，具体介绍了联合国不同机构和人员对新都中学人口教育工作所作出的高度评价，大量引用原文，显得真实而准确。

【例文二】

六孔秤盘卖鱼翁

王险峰 雷胜利

本站消息：今天，记者在双河农贸市场，见到一位挑着一担鲜鱼，提着六孔盘秤的老人。当他一到市场，买鱼人便呼啦一下拥了过来，争相选购。一位中年妇女在鱼桶里选了几条活蹦乱跳的鲫鱼往秤盘里一放："喂，老大伯快点称嘛！我还要上班"。老人把秤提得高高的，笑眯眯地说："别急嘛，你看！"只见六个孔里的水珠直往下滴。这时记者才悟出六孔秤盘的道理。

这位老人叫龙得才，是三圣乡水口山村的养鱼专业户。今年八月的一天，他挑了一担鲜鱼到市场上卖，每称一次鱼秤盘里都有些水，自己心里感到不是滋味："把水当鱼卖，这是卖的亏心钱哪！"他回到家里，就用钉子叮叮当当在秤盘上钉了六个孔。老伴见了埋怨道："鲜鱼水中捞的嘛，哪能没有水！"老汉笑嘻嘻地对老伴说："人嘛要讲道德，我活了六十多年都没有做过亏心事，怎能把水当鱼卖？"说得老伴点头笑了。

【简析】

这是一篇以卖鱼老人龙得才为采访对象的人物专访，首先记者描写了亲眼现场看到的老人使用六孔秤盘卖鱼的经过，再一次介绍人物的姓名，具体情况，怎样想到使用六孔秤盘的经过。语言运用上多次直接引用人物通俗易懂的口语，符合广播稿可听性的要求。

学与练

（1）阅读下面两篇广播稿，并回答后面的问题。

张文生三贴广告

河南省民权县最大的一个劳动致富户——谢庄村农民张文生，富了以后“三贴广告”，在当地群众中传为佳话。

去年春播前夕，这个村的部分农民因一时没钱买化肥，耕地没牲畜而作难。张文生就买了一张红纸，饱蘸笔墨，写了四句顺口溜：

家有存款三千元，谁买化肥我支援；

家有手扶拖拉机，给您犁地不收钱。

广告贴出以后的10天里，张文生借给12户村民资金700多元，给8户村民犁地110亩。

去年11月初，张文生从县里买了电视机，第二天，又在街上贴出布告：

我家有电视，节目很精彩。

娱乐、学科学，请到我家来。

由于全村只有他一家有电视机，每天晚上，都有三四十人挤在他屋里看电视。张文生准备了烟茶招待，表示欢迎。

最近，张文生买了一部洗衣机，又贴出广告，愿为乡亲免费洗衣。到1月9号，已经洗了210件。有人问："你又贴本又麻烦，图个啥?"张文生哈哈一笑，说："图的是发家致富光荣!"

张文生致富后热心为乡亲们服务

河南省民权县谢庄村农民张文生致富后热心为乡亲们服务的感人事迹，为当地群众啧啧称颂。

近年来，他在党的富民政策指引下，勤劳致富，生活日益富裕。但他富了不忘众乡亲，曾先后三次主动提出，免费为大家服务：去年春播前夕，他主动提出愿借钱给乡亲们买化肥，愿用自家的手扶拖拉机免费为乡亲们耕地；去年11月初，他买了电视机，热情邀请乡亲们到他家看电视；最近他买了洗衣机，又主动提出免费为乡亲们洗衣服。

有人问他："你既贴钱又出力，尽为他人作嫁衣裳，究竟图什么?"他笑着回答："我图的是发家致富为他人服务!"

① 这是两篇报道对象相同的消息，二者在写法上有什么不同?

② 根据广播稿的基本特点与写作要求，哪一篇作广播稿更合适？请简述理由。

③ 两篇消息的最后一句，其作用都是为了深化主题，但表述都欠准确，请修改一下。

（2）请以自己班级里的好人好事为材料，给学校广播站写篇广播稿。

第六章　礼仪应用文

第一节　欢迎词　欢送词

1. 文体知识

欢迎词是在迎接宾客的仪式上，主人对宾客或会议代表的到来表示热烈欢迎的讲话稿。

欢迎词从表达方式上分有：

(1) 现场讲演欢迎词。一般由欢迎人在被欢迎人到达时在欢迎现场口头发表的欢迎稿。

(2) 报刊发表欢迎词。这是发表在报刊或公开发行刊物之上的欢迎稿。它一般在客人到达前后发表。

从社交的公关性质上分有：

(1) 私人交往欢迎词。私人交往欢迎词一般是在个人举行较大型的宴会、聚会、茶会、舞会、讨论会等非官方的场合下使用的欢迎稿。通常要在正式活动开始前进行。私人交往欢迎词往往具有很大的即时性、现场性。

(2) 公事往来欢迎词。这样的欢迎词一般在较庄重的公共事务中使用。要有事先准备好的得体的书面稿，文字措词上的要求较私人交往欢迎词要正式和严格。

欢送词是客人应邀参加了活动，主人为表达对客人的欢送之意，在一些会议或重大庆典活动、参观访问等结束时的讲话。

这两种礼仪文书在涉外活动和一般的社交活动中使用频繁，其主要作用是能活跃社交气氛，交流宾主感情，密切相互关系，从而给宾客或主人留下深刻良好的印象。这两种礼仪文书的主要特点是：感情真挚，语言文雅大方，如是国际的迎来送往还要使用适当的外交辞令。内容精要，篇幅简短，一般不涉及具体的细节问题，重在表示热情友好的交往态度。

2. 写作方法

欢迎词、欢送词的行文格式基本相同一般由标题、称谓、正文和落款四部分组成。

(1) 标题。

写法一般有三种。第一种是单独以文种命名。如《欢迎词》《欢送词》。第二种是由活动内容和文种名共同构成。如《在××学术讨论会上的欢迎词》。也有的采用复式标题，主标题揭示中心内容，副标题与第二种的构成形式相同

(2) 称谓。

有专称和泛称两种。专称要写明宾客的姓名，前面加上职务、头衔和表示尊敬、亲切的

词语。泛称有“女士们”、“先生们”、“同志们”、“朋友们”等等，用以表示对所有到场者的尊重。

(3) 正文。

欢迎词的正文要表达三层意思：开头要对客人表示热烈的欢迎，诚挚的问候和致意。然后要阐述来访的意义，赞颂客人各方面取得的成就，也可回顾双方之间的交往与友谊，赞扬双方之间的友好合作。最后再次表示热烈的欢迎和良好的祝愿。

欢送词的正文应对客人表示热烈的欢送，并对客人在这一阶段取得的成绩予以肯定，给予适当的评价。最后要以生动感人的语言对客人表示希望和勉励，并显示出依依惜别的感情。

(4) 落款。

欢迎词的落款要署上致词单位名称、致词者的身份、姓名，并署上成文日期。

3. 写作范例

【例文一】

欢迎香港驻军文艺演出队慰问演出的讲话

同志们：

香港驻军业余文艺演出队带着驻军首长、机关的亲切关怀和问候，带着精心编排的文艺节目，不辞辛劳来到石岗营区，为我们全体官兵作慰问演出。让我们对演出队的到来表示热烈的欢迎和衷心的感谢！

今年，真可谓盛年盛事。历经沧桑的香港顺利回归祖国，党的十五大又奏响了迈向二十一世纪的凯歌。前两天，本世纪末中国最后一次体育盛会——八运会又隆重拉开了帷幕。举国上下，喜庆欢腾。作为人民解放军代表的驻港部队官兵同样为祖国的昌盛繁荣和民族的振兴富强而欢欣鼓舞。今晚的演出，就是我们美好心愿和喜庆之情的最好表达。

江泽民同志在党的十五大报告中指出，营造良好的文化环境，是提高社会主义文明程度，推进改革开放和现代化建设的重要条件。军营文化作为军队精神文明建设的重要组成部分，既吸收了我们民族文化的精华，又独具我们军队的风格和特色，是社会主义文化中的一束亮丽奇葩，对军队全面贯彻邓小平新时期建军思想起着重要的推动作用。我们香港驻军文艺演出队就是这束奇葩中的典型代表，她不仅为塑造香港驻军威武文明的良好形象起着积极的“窗口”作用，而且在保证我们香港驻军精神文明走在全社会前列，争做十亿人民榜样的事业中，扮演着重要的角色。今晚演出队的精彩表演，将极大地鼓舞我们全体干部战士更好地履行防务职责，更好地立足本职开拓进取。我们要以这次慰问演出活动为契机，进一步加强部队文化建设，丰富军营文化生活，从而带动部队各项建设全面发展。

让我们再次以热烈的掌声向演出队的同志们表示最诚挚的谢意！最后，预祝演出圆满成功！祝大家度过一个开心愉快的夜晚！

解放军　梁纪铭

×年×月×日

【简析】

这是一篇现场讲演欢迎词，精彩得体的讲话不仅对文艺演出队是极大的鼓舞，同时，对出席的宾客来说也是令人振奋的。首先，致词人用愉快、富有激情与真诚的语言介绍参加慰问演出的宾客并致以热烈欢迎与衷心的感谢。其次，就这次慰问演出来表达自己美好心愿及对祖国繁荣昌盛的喜悦之情，进而又阐述军营文化同演出的密切关系。最后，再次向来宾表示诚挚的谢意及表达自己美好祝愿。总体而言，这篇欢迎词是非常精彩与成功的，真诚热情地表达出代表者的内心感受，说出了所有与会成员的心声及意愿。

【例文二】

让我们扬眉出剑

——在解放军外国语学院毕业典礼上的讲话

同学们：

花开花谢，潮起潮落，三年的大学时光马上就要结束，作为即将要跨出校门的毕业生，我们应该做些什么？应该怎样把我们自己的形象和最后的努力，自己的梦想和民族的希望紧紧连在一起？

“毕业生”这三个沉甸甸的字眼今天终于落在我们头上。但我们蓦然发现，这并不是什么耀眼的光环，反而是一种压力，甚至可以说是一种无奈，一种你非往前走不可的无奈。

这也是一种动力，一种责任。一种催人奋进的动力，一种青年人不可推卸的责任。不久我们就会握手言别，各奔东西，但无论你是远赴天涯，戍守边疆，还是工作于条件优越的大都市，有一点是相同的，那就是，我们真正开始了从军报国的生涯。父辈已经把希望寄托在我们身上，我们靠什么来实现父辈的那为之梦回千转的希望呢？靠的是我们手中的“剑”！

我们手中的剑，不光是指自己的专业知识是否过硬，还有你的报国思想是否坚定，你的身体素质是否优秀……所有这些，铸成了我们手中这把来日依其建功立业的长剑！

十年磨一剑！

这把剑我们已经磨了很久，就要派上用场了。再把剑磨利些，再把剑擦亮些。毕业来临时，祖国、人民都会凝视着我们拔出长剑，看我们手中的长剑是否寒光闪闪？看纷繁的日月，许多勇士冲锋陷阵，谱写了一曲又一曲惊天动地、荡气回肠的歌。我们相信，年轻的军人大学生们也一定能在地平线上立下一柱又一柱的辉煌。

同学们，让我们扬眉出剑吧。

苗永华

×年×月×日

【简析】

告别三年同窗师友步入大千世界，每一个“毕业生”都会伤感，分别之际，我们应该怎样话“离情别意”呢?《让我们扬眉出剑》无疑是为我们注射了“兴奋剂”，昂首挺胸一直向前走，迎接新的挑战。离别是一种无奈，一种你非往前走不可的无奈。无奈之中是消沉还是奋进呢？握手言别，今日的分别是为了祖国明天的发展进步。为了建功立业。作为毕业典礼的欢送词，它并没有催人泪下，而是把握了言辞的分寸，为“明天”的“辉煌”奠定基础，恰到好处的致词表达了发言人真挚诚恳的感情与心愿。最后勉励大家“扬眉出剑”去创造“辉煌”“建功立业”。可谓做到“情切意尽”了。

学与练

（1）选择

① 下列说法正确的一项是（　　）

A. 欢迎词和欢送词有活跃气氛，避免冷场的作用

B. 欢迎词和欢送词的内容比较自由，没有具体要求

C. 欢迎词和欢送词可以给客人留下深刻、良好的印象

D. 国际间的迎来送往应该使用外语

② 下列说法有错的一项是（　　）

A. 主人对宾客或会议代表的到来，表示热烈欢迎的讲话稿叫欢迎词

B. 在送别宾客的仪式上，主人对宾客的离去表示挽留的讲话稿叫欢送词

C. 欢迎词和欢送词在涉外活动和一般的社交活动中使用

D 欢迎词的特点是感情真挚，语言文雅大方

③“希望××先生再次光临”是哪一文种的结尾（　　）

A. 欢迎词　　B. 欢送词　　C. 祝词　　D. 开幕词

④ 下列对欢迎词阐述错误的一项是（　　）

A. 写欢迎词要紧扣“迎”字这一中心来写

B. 欢迎词应该做到语言亲切自然，发自肺腑

C. 在迎接外宾或华侨时，应尽最大的可能向对方表示友好

D. 欢迎词篇幅要简短，语言要精确，证据要充分

⑤ 欢迎词、欢送词的主要特点有（　　）

A. 感情真挚　　B. 语言文雅大方

C. 内容精要　　D. 篇幅简短

（2）改错

欢迎词

同学们、老师们：

刚好在两个星期前，我们愉快地在这里欢聚一堂，热烈欢迎××博士的到来。今天，在××博士访问了我国的许多地方之后，我们再次欢聚一起，感到特别亲切、高兴。××博士将于明天回国。

××博士的访问虽然短暂，然而是极其成功的。在北京期间，他会晤了有关方面的领导同志，参观了工厂、农村、学校，与各界人士进行了谈话，并认真研究我国的政治、经济、文化和教育。

在××博士即将离开之际，我们真诚地希望××博士给我们提出批评、指导的宝贵意

见，以便我们改进工作。同时，我们想借此机会请他转达我们对×国人民的浓厚友谊，请他转达我们对他们的亲切问候和敬意。

再一次向××博士表示热烈的欢迎！

祝××博士回国途中一路平安！身体健康！

×××

×年×月×日

请指出这篇讲话稿的错误，并一一修改。

(3) 班上来了新同学，请你代表全班同学写一篇发言稿在班会上表达对新同学的热烈欢迎之情。

第二节　开幕词　祝词

(一) 开幕词

1. 文体知识

会议开始时，由会议的主持人就会议召开的目的、意义及中心要求等所作的致词。

开幕词有三个特点：

(1) 宣告性。在开幕词中正式宣告会议开幕，给会议营造一种隆重气氛。如果这是具有历史意义的会议，那么其历史意义就是从这一宣告开始产生的，因而这种开幕词必将随着会议的一系列重要文件一起载入历史史册。

(2) 提示性。在开幕词中明确交代会议的议题，扼要说明会议的议程、原则，交代会议的主要精神，起到点题的作用，使与会者心中有数。

(3) 指导性。在开幕词中阐明会议宗旨，提出会议任务，说明会议目的、指导思想和重要意义，这对开好会议将起到重要的指导作用。

2. 写作方法

开幕词一般由标题、称谓、正文、结语、落款五部分组成。

(1) 标题。

一般由事由和文种构成，如《中国共产党第十二次全国人民代表大会开幕词》；有的标题由致词人、事由和文种构成，其形式是《×××同志在××××会上的开幕词》；有的采用复式标题，主标题揭示会议的宗旨、中心内容，副标题与前两种标题的构成形式相同，如《我们的文学应该站在世界的前列——中国作家协会第四次会员代表大会开幕词》；也有的只写文种《开幕词》。

（2）称谓。

一般写在标题下行顶格，要根据对象的性别、职业以及身份地位等情况而定。常用“女士们、先生们、朋友们”、“各位代表”、“同志们” 等称谓。

（3）正文。

开头要直接陈述因何事或何会而宣告开幕，如“我宣布第三届中国西湖博览会隆重开幕”。接下来阐述会议的内容、特点、意义、要求和希望，对于会议本身的情况如议程等，要概括说明，点到为止。行文要明快流畅，评议要坚定有力，充满热情，富于鼓舞力量。

（4）结语。

一般写对与会人员表示感谢之意，或者“祝大会圆满成功”之类。

（5）落款。

写上主办单位和日期。

3. 写作范例

××学校运动会开幕词

各位裁判，各位运动员，老师们，同学们：

天高气爽，金桂飘香。在举世瞩目的“神舟5号” 载人飞船胜利升空的大喜日子里，我们豪情满怀地迎来了第八届学校田径运动会。首先，我谨代表本届运动会组委会向全体运动员、裁判员、教练员和大会工作人员致以崇高的敬意和亲切的问候！体育是一个国家精神文明建设的重要方面，是民族素质、人民精神面貌的集中体现，而学校体育则是一个国家体育工作的基础和重点。

办学几年来，我校全面贯彻党的教育方针，积极推进素质教育，切实采取有效措施，把体育摆到学校工作的重要位置。教师队伍充满生机，体育设施不断完善，推动着学校体育工作的蓬勃发展。在开发区第二届中小学田径运动会上，我校夺取了初中组团体总分第一名和广播操比赛第一名；金华市首届中小学生定向运动赛，我校获得初中组团体第二名和体育道德风尚奖。

刚刚上个月，我校参加金华市“田歌杯” 体育传统项目中学生健美操比赛，又荣获了市级第一名的优异成绩，让我们以热烈的掌声，向为我校争光的体操健儿和教练员，表示衷心的感谢和祝贺！本届校运会场地小，赛程短，任务重，参赛运动员共有1221名，分9个单项6个组别，赛前还将举行入场式的评比和广播操比赛。

希望全体运动员发扬“团结、友谊、奋进” 的良好风格，弘扬“更高、更快、更强” 的体育精神，严格遵守竞赛规程，自觉服从裁判，顽强拼搏，赛出风格，赛出水平。希望裁判员以严谨、公正的态度自始至终做好裁判工作，大会工作人员各尽其职、通力合作，为大家提供优质服务。同时更希望全体同学提高安全意识，做文明观众，使本届校运会开得安全、文明、有序、高效。

最后，预祝本届校运会圆满成功！谢谢大家！

×××

×年×月×日

【简析】

这篇开幕词共写了三层意思：一是说明了校运动会的意义，二是概括了学校体育工作已取得的成绩，三是提出了对本次校运会的希望和要求。简明扼要，格式规范。

（二）祝词

1. 文体知识

祝词，亦叫祝辞，是对人或事表示良好的祝愿的讲话或文章。祝词，是国际、国内人际交往活动中必不可少的交际工具和手段。

祝辞根据祝愿的对象划分，可分为以下四种：

（1）节日祝词。如“新年献词”、“国庆讲话”。

（2）寿诞祝词。这是向老年人祝寿或向亲朋好友祝贺生日时使用的文辞。

（3）事业祝词。这类祝词兼有贺意。事业祝词的对象既可以是个人，也可以是单位或集体。这类祝词又可分为三种：一是一般性的祝词，常用于会议开幕、重大工程开工典礼、展览会剪彩等，表示希望此事顺利进行，祝愿早日取得成功。二是纪念性的祝词，常用于团体、机构成立，周年纪念等活动。三是往来性的祝词，常用于亲朋好友之间在事业有成时举行的祝贺活动。

（4）祝酒词。用于各种酒会、宴会、招待会，起活跃气氛、增进感情的作用。

2. 写作方法

祝词的写作格式一般由标题，称谓、正文、结语、落款五部分组成。

（1）标题。

通常有两种写法：一是直接写“祝词”；二是写出具体祝贺的内容，如《××市长在××市××晚宴上的祝词》。

（2）称谓。

怎样写称呼，要根据对象的性别、职业以及身份地位等情况而定。

（3）正文。

正文是祝词的核心。这部分写法比较灵活，针对不同的祝贺对象，不同的祝贺动机，写出相应的祝贺内容。但总的来说，都应包含下面几层意思：首先应向受祝贺的单位或人员表示祝贺、感谢或问候，或者说明写祝辞的理由或原因；其次常常对已做出的成就进行适当评价或指出其意义，再次写表示祝愿、希望、祝贺之语，也可以给被祝者以鼓励。

（4）结语。

正文结束后常用一句礼节性的祝颂语结束全文。

（5）落款。

最后在正文的右下方署祝者的名称（单位或个人）以及发祝词的时间。如果在标题部分已注明，此处可省略。

3. 写作范例

为庆贺朱总司令六十大寿的祝词

亲爱的总司令朱德同志：

你的六十大寿，是全党的喜事，是中国人民的光荣！

我能回到延安亲自向你祝寿，使我万分高兴。我愿代表那反动统治区千千万万见不到你的同志、朋友和人民向你祝寿，这对我更是无上荣幸。

亲爱的总司令，你几十年的奋斗，已使举世人民公认你是中华民族的救星，劳动群众的先驱，人民军队的创造者和领导者。

亲爱的总司令，你为党为人民真是忠贞不贰，你在革命过程中，经历了艰难曲折，千辛万苦，但你永远高举着革命的火炬，照耀着光明的前途，使千千万万的人民，能够跟随着你充满信心向前迈进！

在我们相识的二十五年当中，你是那样平易近人，但又永远坚定不移，这正是你的伟大！对人民你是那样亲切关怀，对敌人你又是那样憎恶仇恨，这更是你的伟大。

全党中你首先和毛泽东同志合作，创造了中国人民的军队，建立了人民革命的根据地，为中国革命写下了新的纪录。在毛泽东同志旗帜之下，你不愧为他的亲密战友，你称得起人民领袖之一！

亲爱的总司令，你的革命历史，已成为二十世纪中国革命的里程碑。辛亥革命、云南起义、北伐战争、南昌起义、土地革命、抗日战争、生产运动，一直到现在的自卫战争，你是无役不与。你现在六十岁了，仍然这样健壮，相信你会领导中国人民达到民族解放的最后胜利，亲眼看到独裁者的失败，反动力量的灭亡！

你的强健身体，你的快乐精神，象征着中国人民的必然兴旺。

人民祝你长寿！

全党祝你永康！！

周恩来

1946 年 11 月 30 日

注：一九四六年十二月一日是朱德同志六十寿辰。本文刊载于十一月三十日延安《解放日报》。

【简析】

这是一篇内容充实、情真意切的寿诞祝词。其正文部分用饱含感情的语言，回顾了朱德总司令几十年来的革命里程，充分肯定了总司令为中国革命和人民的解放事业建立的丰功伟绩，高度赞扬了朱德同志的伟大人格和风范，字里行间洋溢着对总司令的衷心祝愿和对革命事业的无比信心。

值得注意的是，全文内容十分丰富，要说明的方面很多，但处理不好极易冲淡祝愿感情的抒发。作者巧妙地使用了概括性语言、感叹的句式和简短的段落，不仅没有出现上述缺陷，相反还强化了情感。

学与练

（1）选择

①“国庆讲话”属于（　　）

A. 事业祝词　　B. 节日祝词
C. 寿诞祝词　　D. 祝酒词

② 常用于亲朋好友之间在事业有成时举行的庆祝活动是（　　）

A. 一般性祝词　　B. 纪念性祝词
C. 往来性祝词　　D. 礼节性祝词

③ 开幕式的开头主要是为了（　　）宣告开幕

A. 何人　　B. 何事　　C. 何会　　D. 何物

④ 致开幕词的一般是（　　）

A. 大会嘉宾　　B. 主要领导人　　C. 会议主持人　　D. 任何人

⑤ 开幕词的主要特点有（　　）

A. 宣告性　　B. 提示性　　C. 指导性　　D. 展望性

（2）简述祝词的概念及类型作用

（3）写作

请为你家里的长辈写一篇情真意切的寿诞祝词。

第七章　应用文写作常见问题

第一节　应用文专用语言

应用文具有独特的专用语言，常见的有以下九类：

1. 开头用语

开头用语用于说明发文缘由，包括意义、根据、背景及情况等。如：
"为"、"为了"；
"根据"、"按照"、"遵照"、"依照"；
"鉴于"、"关于"、"由于"；
"目前"、"当前"；
"兹（指现在）"、"兹有"、"兹将"、"兹介绍"、"兹派"、"兹聘"。

2. 承启用语

承启用语是用于连接开头与主体部分，起承上启下作用的惯用语。如：
"根据……决定"，"根据……特通告如下"，"依据……公告如下"；
"为了……现决定"，"为……通报如下"，"现就……问题请示如下"；
"现将……（情况）报告如下"，"现就……问题提出如下意见"，"经……批准（同意）将有关事项通知如下"；
"拟采取如下措施"；
"经……研究，答复如下"。

3. 引述用语

引述用语是用于引述来文作为依据的词语。如：
"悉（知道）"、"收悉"、"电悉"、"文悉"。

4. 批转用语

批转用语是用于批转、转发、印发通知时的词语。如：
"批示"、"阅批"、"审批"、"批转"、"转发"、"印发"。

5. 称谓用语

称谓用语是表示指代关系的称谓的简称。如：

“我（部）”、“贵（局）”、“你（省）”、“本（部门）”、“该（处）”。

6. 经办用语

经办用语用于简述工作处理过程或情况。如：

“经”、“业经”、“兹经”、“未经”；

“拟”、“拟办”、“拟定”；

“施行”、“暂行”、“试行”、“可行”、“执行”、“参照执行”、“贯彻执行”、“研究执行”；

“审定”、“审议”、“审发”、“审批”；

“会议听取了”、“会议讨论了”、“会议认为”、“会议指出”、“会议强调指出”、“会议通过了”、“会议决定”、“会议希望”、“会议号召”、“会议要求”、“会议恳切呼吁”。

7. 表态用语

表态用语是用于表态的语言。如：

“不同意”、“原则同意”、“同意”；

“不可”、“可办”、“照办”；

“批准”、“原则批准”。

8. 期请用语

期请用语是用于向受文者表示请求和希望的。如：

“请”、“务希”、“务请”、“如蒙”、“勿误” 等。

9. 结尾用语

结尾用语置于正文最后，表示正文结束的词语。如：

“当否，请批示”、“如无不妥，请批转各地执行”、“妥否，请批复”（用于请示）。

“请研究函复”、“盼复”、“请予复函”、“不知尊意如何，盼函告”、“望协助办理，请尽快见复”（用于函）。

“请指正”、“请审阅”（用于报告）。

“此复”、“特此专复”、“特函复”（用于批复、复函）。

“特此公告”（通告、通知、通报）（用于知照性公文）。

第二节　应用文语言表述

一、运用语言的要求

写作对语言的运用要求很高，明确运用语言的要求就是写好文章的前提。运用语言的要求主要有以下几点：

1. 准确

准确，就是使用贴切的词语，选择恰当的句子，恰如其分地揭示客观事理，确切地反映生活，恰当地表达作者的观点和思想感情。准确是运用语言的最基本的要求。

语言准确，应该具体落实在字、词、句的准确表达上，就是要根据具体事物、具体情况，恰当地表现出其独特的性质、神态、形态、情感等。

2. 简洁

简洁就是简练、精练，即用较少的文字来表达较丰富的内容。

语言简洁，一是要剪裁浮词，把多余的词语删去，让主体鲜明、集中，避免文章中的空话、套话；二是要锤炼语言，提取精粹的词语，只有选择那些概括力、表现力强的词语，才能做到行文简洁。

3. 平实

平实，指语言平易、朴实、通俗易懂。

语言平实，讲究质朴无华，忌矫揉造作、装腔作势、渲染粉饰。客观真实地反映现实，表意更注重单一、准确。用自然、朴实的语言把事物的特征揭示出来，是语言运用成熟的标志。

二、文字表述要恰当

清朝的曾国藩曾多次率领湘军同太平军打仗，可总是打一仗败一仗，特别是在鄱阳湖口一役中，连自已的老命也险些送掉。他不得不上疏皇上表示自责之意。在上疏书里，其中有一句是“臣屡战屡败，请求处罚。”有个幕僚建议他把“屡战屡败”改为“屡败屡战”。这一改，果然成效显著，皇上不仅没有责备他屡打败仗，反而还表扬了他。

同一件事，表述方式不同，结果就会不同，可见，在应用文中，尤其是在行政公文中，文字表述一定要恰当。要做到文字表述恰当，就要避免出现下列错误：

（一）避免错别字、丢字

例如：

（1）“关于对《外国企业长驻代表机构登记管理条例》的反馈”和“关于对《外国企业常驻代表机构登记管理条例》的反馈”；

（2）“牵头单位应确定1名此项工作的联系人员，于2010年23日前将姓名、职务、联系方式报部”和“牵头单位应确定1名此项工作的联系人员，于2010年6月23日前将姓名、职务、联系方式报部”；

（3）“转发北京市建设委员会关于中央、队在京单位2010年房屋建设项目建设计划的通知”和“转发北京市建设委员会关于中央、军队在京单位2010年房屋建设项目建设计划的通知”。

还有些常见的错别字：

“在教育资源分布上要体现公正匀衡合理”，“匀衡”应为“均衡”；

“外出的人陆续返回了原藉”，“原藉”应为“原籍”；

“一些家庭条件困难的孩子因交不上学费失学、缀学”，“缀学”应为“辍学”。

（二）语法或表述要严谨

1. 动宾搭配不当

例如：

（1）注重在审计事业发展过程中发现和培养先进典型，抓好典型的示范作用。

应为：注重在审计事业发展过程中发现和培养先进典型，发挥典型的示范作用。

（2）改造国省干线及重要旅游行车安全隐患8.5万公里/23万处，新增护栏13983公里。

应为：消除国省干线及重要旅游行车安全隐患8.5万公里/23万处，新增护栏13983公里。

（3）形成大批符合循环经济发展要求的典型企业。

应为：建成大批符合循环经济发展要求的典型企业。

2. 主谓搭配不当

例如：

（1）西宁长期以来计划经济的色彩较快。

应为：西宁长期以来计划经济的色彩较重。

（2）要防止突发公共安全群体事件再次在县里发生和流行。

应为：要防止突发公共安全群体事件再次在县里发生。

3. 修饰语和中心词不搭配

例如：

（1）相关人员必须具备一定的科技能力。

应为：相关人员必须具备一定的科研能力。

（2）引导和帮助他们克服身体等障碍。

应为：引导和帮助他们克服身体残疾等障碍。

4. 概念限制不当

例如：

征求了前世界知识产权组织总干事等3名国外著名专家的意见。

应为：征求了世界知识产权组织前总干事等3名国外著名专家的意见。

限制词离被限制对象越近，越不容易产生歧义。

5．用词不当

例如：

（1）“最大限度地团结和依靠各族人民”中“团结和依靠各族人民”不应该有限度，因此应将“最大限度地”删掉。

（2）“正确把握和认真贯彻民族法律法规和民族政策，是做好民族工作的重要法宝”，既是“法宝”，就没有重要与不重要之分，因此应将“重要”删掉。

6．偷换主语

例如：

截至2010年9月25日，共有87个国家加入了《议定书》并接受了修正案，占世界商船总吨位的95.6%。

应为：截至2010年9月25日，共有87个国家加入了《议定书》并接受了修正案，其商船保有量占世界商船总吨位的95.6%。

7．主语残缺

例如：

（1）残疾人工作卓有成效，办了不少大事、实事。

应为：党和政府及社会各方面为残疾人办了不少大事、实事。

（2）旧社会，中国人因为吸食鸦片者不少，被贬为“东亚病夫”，导致妻离子散、家破人亡。

“导致妻离子散、家破人亡”无主语，应在“导致”前加上动宾短句“吸食鸦片”。

8．谓语残缺

例如：

我们要建立新的规章制度等一系列工作。

应为：我们要做好建立新的规章制度等一系列工作或我们要建立新的规章制度，开展一系列工作。

9．宾语残缺

例如：

重点抑制某些行业投资规模过大，加大结构调整力度

应为：重点抑制某些行业投资规模过大的势头，加大结构调整力度

10．状语与动词不搭配

例如：“为确保交通运输基础设施建设中的重大工程顺利进展”中“顺利”与“进展”搭配不当，或者改为“进展顺利”，或者将“进展”改为“进行”。

11．介词不当或介词残缺

例如：“对国民经济可持续发展带来严重的负面影响”，其中的介词“对”改为“给”

更恰当。

12. 中心语错位

例如："监督检查的重点是：……重点地区、重点路段可能发生的公路'三乱'问题"中，"可能发生"的问题是无法监督检查的，监督检查的对象应当是"重点地区、重点路段"。因此，将监督检查的重点改为"可能发生公路'三乱'问题的重点地区、重点路段"。

13. 重要表述务必规范

（1）为建立畅通、安全、绿色、便利的交通运输体系

应为：为建立安全、畅通、便捷、绿色的交通运输体系

（2）建国 62 年，我国交通基础设施建设取得辉煌的成就

应为：新中国成立 62 年来，我国交通基础设施建设取得辉煌的成就

14. 避免用语累赘

例如："西北地区公路既是'三个服务'的重要内容，也是'三个服务'的重要载体。因此，要从构建和谐社会、服务西北经济发展和做好'三个服务'的高度，把握西北公路建设的新要求，增强做好西北公路工作的责任感和使命感，不断探索适合西北公路建设特点的质量管理新体制"中，"建设西北地区公路是做好'三个服务'的重要内容和载体。因此，要把握西北公路建设的新要求，增强做好……"。

15. 数字要准确

例如："自 2005 年以来，在极其危急困难的条件下先后驾机 415 次，成功救助群众 390 人，安全救助飞行 1300 小时"，但在附件中却为"自 2005 年起，在极其危急困难的气象条件下，先后驾机 385 次，成功救助遇险群众 375 人……在惊涛骇浪中救助飞行 1100 小时，训练飞行 1200 小时。"

显然，该文文稿中的驾机次数、成功救助遇险群众数、安全飞行小时数等数据前后不一。

16. 字母词使用要规范

字母词指字母构成或其中包含字母的词语。

例如：国务院办公厅秘书局《关于加强对行政机关公文中涉及字母词审核把关的通知》（国办秘函【2010】14 号）规定："各级行政机关要严格执行有关规定，制发公文时一般不得使用字母词，确需使用字母词的，应在文中首次出现事以扩注方式注明已经国务院语言文字工作部门或者其他有关部门审定的汉语译名。"

文稿中出现 VTS、CCTV、GMS。首次出现应为：

VTS（船舶交通管理系统）、CCTV（闭路电视系统）、

GMS（大湄公河次区域）

（三）逻辑要严密

1. 关系判断顺序不当

例如：

（1）注重树立、培养、宣传先进典型，将学习雷锋先进集体江苏连云港汽车运输公司“雷锋车”班组作为重大典型推向全国

应为：注重培养、树立、宣传先进典型，将学习雷锋先进集体江苏连云港汽车运输公司“雷锋车”班组作为重大典型推向全国

（2）减少或避免安全责任事故发生

应为：避免或减少安全责任事故发生

2. 概念混淆

例如：

（1）她知道后总是利用晚上或休息时间到医院去看望

应为：她知道后总是利用休息时间到医院去看望

（2）起草国资委机关和派出机构人力资源管理的规章制度和办法

应为：起草国资委机关和派出机构人力资源管理的规章制度

3. 偷换概念

例如：

（1）双方商定，会议结束后，将各自完成《运输协定》修改的国内审批程序，并通过互换外交照会后生效

应为：双方商定，会议结束后，将各自完成《运输协定》修改的国内审批程序，并通过互换外交照会后使其生效

（2）高原病发病率得到控制，继续保持了高原零死亡和鼠疫疫情零传播

应为：高原病发病率得到控制，继续保持了高原零死亡和鼠疫零传播

4. 指代不清

例如：

（1）玛多黄河桥和花石峡大桥，近期先在其上、下游架设两座战备钢桥，满足运输车辆通行需要

应为：近期先在玛多黄河桥上游和花石峡大桥下游架设两座战备钢桥，满足运输车辆运行通行

（2）世界发展飞速变化

“发展”和“变化”是两个概念，不能将二者糅到一起讲，应改为：世界发展变化很快

5. 前后矛盾或逻辑不严密

例如：

（1）由于我国目前尚未制定一部有关评估行业管理的法律法规，对各类专业评估难以依法进行规范管理

应为：由于我国目前尚未制定一部有关评估行业管理的法律法规，对各类专业评估进行规范管理无法可依

（2）你委关于《国家发展改革委办公厅关于请提出落实……的函》（发改办法规【2009】679号）收悉

应为：《国家发展改革委办公厅关于请提出落实……的函》（发改办法规【2009】679号）收悉

（四）避免口语化

例如：

（1）这项政策已经为我国基础设施建设筹集资金累计超过1.6万个亿

应为：这项政策已经为我国基础设施建设筹集资金累计超过1.6万亿元

（2）老同志们甚至家属都像盼星星盼月亮一样盼着她

应为：老同志们及其家属都盼望着她

（五）正确使用规范化简称

《国务院机构简称》中规定的机构名称的简称属于规范化简称，应严格规范使用。

例如：配合国家发改委和国务院法制办加快《招标投标实施条例》的……

国家发改委应当改为：国家发展改革委

还有，国家安全生产监督管理总局、国家环境保护总局，简称应是：安全监管总局、环保总局

中国银行业监督管理委员会，简称：银监会

中华人民共和国住房和城乡建设部，简称：住房城乡建设部

中华人民共和国工业和信息化部，简称：工业和信息化部

第三节　应用文标点使用

标点符号是文字使用中的一种工具，它是应用文中不可缺少的组成部分，有的公文甚至在标题中都会用到。《国家行政机关公文处理办法》中对公文标题使用标点符号有明确规定：“公文标题中除法规、规章名称加书名号外，一般不用标点符号。”此规定说明了为更好的表达公文中心内容，在标题中是可以使用标点符号的。

1. 引号使用

引号表示文中引用的部分。有双引号和单引号两种，分别标志为“”和‘’。一般用法有：① 表示直接引用的话；② 表示着重论述的对象；③ 表示具有特殊含义的词语；④ 表示

特定称谓。

例如：

农民和农村基层干部担心高含金量的政策不能完全兑现，“真金白银”的支持难以落实。

积极提供“一站式”等便捷服务。

此外，如果引号里面还要用引号时，外面一层用双引号，里面一层用单引号。

“××‘××“×××”××’××”

例如：

“先生，‘怪哉’这虫，是怎么一回事？……”（鲁迅《从百草园到三味书屋》）

“你相信吗？那是我开车到几十里以外，一块块亲手挑选，论公斤买下，然后用汽车拉回来的。那是我们家的‘北海’。”（萧乾《枣核》）

2. 顿号使用

顿号是中文中特有的标点，表示并列的词或词组之间的停顿。顿号在汉语中主要有两个用途。分隔同类的并列的事，通常是单字、词语或短语，当中的停顿较逗号短。分隔用汉字作为序号的序号和内文。

注意事项：

（1）互相包含的内容之间不能用顿号。

例如：

这次受到沙尘暴袭击的共三省五十六个县（市）。

（2）表概数的地方不能用顿号，但表确数的地方必须有顿号。

例如：

完成该县的交通基础设施建设任务至少需要三四年时间。

今天做值日的是四、五组。

（3）太短的并列成分间，尤其是一些约定俗成的词语，无须停顿也不会产生歧义，可不用顿号。

例如：

由交通运输部协调有关部门和河北、天津两省市

中小学生、城乡交流、调查研究

（3）并列词语之间有了“和”“与”“及”“或”“以及”等连词，连词前不再用顿号，但可以加逗号。

例如：

我国科学、文化、艺术、卫生、教育和新闻出版业有了很大发展。

有自己的教学楼、图书馆、教学设备，以及教师队伍。

3. 逗号使用

逗号把句子切分为意群，表示小于分号大于顿号的停顿。逗号在汉语及大多数外语是使用频率最高的标点符号。

注意事项：

（1）并列的词组比较长、停顿比较大的并列之间用逗号，不用顿号。

例如：这翻滚的麦浪，这清清的河水，这大雁的歌唱，使年轻人深深陶醉了。

(2) 并列作谓语、补语时，并列词语之间不用顿号，而用逗号。

例：

这个故事讲得真实，生动。

你要不断进步，识字，生产。

注：这一点并非绝对，例如：

我们经历了、参与了、看见了一次雄伟壮烈的事件，这次事件必将改变我们的生存现状并深刻地影响未来。(张贤亮《挽狂澜》)

并列谓语动词“经历了、参与了、看见了”有共同的主语“我们”和共同的宾语“事件”，这种情况下用顿号。

(3) 如果并列词语中还有并列词语，并列的短语比较长，停顿比较大的用逗号不用顿号。

例如：

原子弹、氢弹的爆炸，人造卫星的发射、回收，标志着我国科学技术的发展达到了新的水平。

4. 分号使用

分号是一种介于逗号和句号之间的标点符号，主要用以分隔存在一定关系（并列、转折、承接、因果等，通常以并列关系居多）的两句分句。

例如：

矿藏、水流、森林、山岭、草原、荒地、滩涂等自然资源，都属于国家所有，即全民所有；由法律规定属于集体所有的森林和山岭、草原、荒地、滩涂除外。(《中华人民共和国宪法》)

5. 句号使用

句号是用于陈述句末尾的标点。

注意：句外括号后不需再加句号。例如：

坚持和完善生产区重点粮食品种最低收购政策，抓紧制定和适时启动最低收购价执行预案。(由发展改革委牵头，在6月中旬提出小麦最低收购价执行预案)

6. 书名号

书名号可反复套用：

《××〈××《××》××〉××》

附录

党政机关公文处理工作条例

（中办发［2012］14号）

（2012年4月16日由中共中央办公厅和国务院办公厅联合印发）

第一章 总 则

第一条 为了适应中国共产党机关和国家行政机关（以下简称党政机关）工作需要，推进党政机关公文处理工作科学化、制度化、规范化，制定本条例。

第二条 本条例适用于各级党政机关公文处理工作。

第三条 党政机关公文是党政机关实施领导、履行职能、处理公务的具有特定效力和规范体式的文书，是传达贯彻党和国家的方针政策，公布法规和规章，指导、布置和商洽工作，请示和答复问题，报告、通报和交流情况等的重要工具。

第四条 公文处理工作是指公文拟制、办理、管理等一系列相互关联、衔接有序的工作。

第五条 公文处理工作应当坚持实事求是、准确规范、精简高效、安全保密的原则。

第六条 各级党政机关应当高度重视公文处理工作，加强组织领导，强化队伍建设，设立文秘部门或者由专人负责公文处理工作。

第七条 各级党政机关办公厅（室）主管本机关的公文处理工作，并对下级机关的公文处理工作进行业务指导和督促检查。

第二章 公文种类

第八条 公文种类主要有：

（一）决议。适用于会议讨论通过的重大决策事项。

（二）决定。适用于对重要事项作出决策和部署、奖惩有关单位和人员、变更或者撤销下级机关不适当的决定事项。

（三）命令（令）。适用于公布行政法规和规章、宣布施行重大强制性措施、批准授予和晋升衔级、嘉奖有关单位和人员。

（四）公报。适用于公布重要决定或者重大事项。

（五）公告。适用于向国内外宣布重要事项或者法定事项。

（六）通告。适用于在一定范围内公布应当遵守或者周知的事项。

（七）意见。适用于对重要问题提出见解和处理办法。

（八）通知。适用于发布、传达要求下级机关执行和有关单位周知或者执行的事项，批转、转发公文。

（九）通报。适用于表彰先进、批评错误、传达重要精神和告知重要情况。

（十）报告。适用于向上级机关汇报工作、反映情况，回复上级机关的询问。

（十一）请示。适用于向上级机关请求指示、批准。

（十二）批复。适用于答复下级机关请示事项。

（十三）议案。适用于各级人民政府按照法律程序向同级人民代表大会或者人民代表大会常务委员会提请审议事项。

（十四）函。适用于不相隶属机关之间商洽工作、询问和答复问题、请求批准和答复审批事项。

（十五）纪要。适用于记载会议主要情况和议定事项。

第三章　公文格式

第九条　公文一般由份号、密级和保密期限、紧急程度、发文机关标志、发文字号、签发人、标题、主送机关、正文、附件说明、发文机关署名、成文日期、印章、附注、附件、抄送机关、印发机关和印发日期、页码等组成。

（一）份号。公文印制份数的顺序号。涉密公文应当标注份号。

（二）密级和保密期限。公文的秘密等级和保密的期限。涉密公文应当根据涉密程度分别标注“绝密”“机密”“秘密”和保密期限。

（三）紧急程度。公文送达和办理的时限要求。根据紧急程度，紧急公文应当分别标注“特急”“加急”，电报应当分别标注“特提”“特急”“加急”“平急”。

（四）发文机关标志。由发文机关全称或者规范化简称加“文件”二字组成，也可以使用发文机关全称或者规范化简称。联合行文时，发文机关标志可以并用联合发文机关名称，也可以单独用主办机关名称。

（五）发文字号。由发文机关代字、年份、发文顺序号组成。联合行文时，使用主办机关的发文字号。

（六）签发人。上行文应当标注签发人姓名。

（七）标题。由发文机关名称、事由和文种组成。

（八）主送机关。公文的主要受理机关，应当使用机关全称、规范化简称或者同类型机关统称。

（九）正文。公文的主体，用来表述公文的内容。

（十）附件说明。公文附件的顺序号和名称。

（十一）发文机关署名。署发文机关全称或者规范化简称。

（十二）成文日期。署会议通过或者发文机关负责人签发的日期。联合行文时，署最后签发机关负责人签发的日期。

（十三）印章。公文中有发文机关署名的，应当加盖发文机关印章，并与署名机关相符。有特定发文机关标志的普发性公文和电报可以不加盖印章。

（十四）附注。公文印发传达范围等需要说明的事项。

（十五）附件。公文正文的说明、补充或者参考资料。

（十六）抄送机关。除主送机关外需要执行或者知晓公文内容的其他机关，应当使用机关全称、规范化简称或者同类型机关统称。

（十七）印发机关和印发日期。公文的送印机关和送印日期。

（十八）页码。公文页数顺序号。

第十条 公文的版式按照《党政机关公文格式》国家标准执行。

第十一条 公文使用的汉字、数字、外文字符、计量单位和标点符号等，按照有关国家标准和规定执行。民族自治地方的公文，可以并用汉字和当地通用的少数民族文字。

第十二条 公文用纸幅面采用国际标准 A4 型。特殊形式的公文用纸幅面，根据实际需要确定。

第四章 行文规则

第十三条 行文应当确有必要，讲求实效，注重针对性和可操作性。

第十四条 行文关系根据隶属关系和职权范围确定。一般不得越级行文，特殊情况需要越级行文的，应当同时抄送被越过的机关。

第十五条 向上级机关行文，应当遵循以下规则：

（一）原则上主送一个上级机关，根据需要同时抄送相关上级机关和同级机关，不抄送下级机关。

（二）党委、政府的部门向上级主管部门请示、报告重大事项，应当经本级党委、政府同意或者授权；属于部门职权范围内的事项应当直接报送上级主管部门。

（三）下级机关的请示事项，如需以本机关名义向上级机关请示，应当提出倾向性意见后上报，不得原文转报上级机关。

（四）请示应当一文一事。不得在报告等非请示性公文中夹带请示事项。

（五）除上级机关负责人直接交办事项外，不得以本机关名义向上级机关负责人报送公文，不得以本机关负责人名义向上级机关报送公文。

（六）受双重领导的机关向一个上级机关行文，必要时抄送另一个上级机关。

第十六条 向下级机关行文，应当遵循以下规则：

（一）主送受理机关，根据需要抄送相关机关。重要行文应当同时抄送发文机关的直接上级机关。

（二）党委、政府的办公厅（室）根据本级党委、政府授权，可以向下级党委、政府行文，其他部门和单位不得向下级党委、政府发布指令性公文或者在公文中向下级党委、政府提出指令性要求。需经政府审批的具体事项，经政府同意后可以由政府职能部门行文，文中须注明已经政府同意。

（三）党委、政府的部门在各自职权范围内可以向下级党委、政府的相关部门行文。

（四）涉及多个部门职权范围内的事务，部门之间未协商一致的，不得向下行文；擅自行文的，上级机关应当责令其纠正或者撤销。

（五）上级机关向受双重领导的下级机关行文，必要时抄送该下级机关的另一个上级机关。

第十七条 同级党政机关、党政机关与其他同级机关必要时可以联合行文。属于党委、政府各自职权范围内的工作，不得联合行文。

党委、政府的部门依据职权可以相互行文。

部门内设机构除办公厅（室）外不得对外正式行文。

第五章 公文拟制

第十八条 公文拟制包括公文的起草、审核、签发等程序。

第十九条 公文起草应当做到：

（一）符合党的理论路线方针政策和国家法律法规，完整准确体现发文机关意图，并同现行有关公文相衔接。

（二）一切从实际出发，分析问题实事求是，所提政策措施和办法切实可行。

（三）内容简洁，主题突出，观点鲜明，结构严谨，表述准确，文字精练。

（四）文种正确，格式规范。

（五）深入调查研究，充分进行论证，广泛听取意见。

（六）公文涉及其他地区或者部门职权范围内的事项，起草单位必须征求相关地区或者部门意见，力求达成一致。

（七）机关负责人应当主持、指导重要公文起草工作。

第二十条 公文文稿签发前，应当由发文机关办公厅（室）进行审核。审核的重点是：

（一）行文理由是否充分，行文依据是否准确。

（二）内容是否符合党的理论路线方针政策和国家法律法规；是否完整准确体现发文机关意图；是否同现行有关公文相衔接；所提政策措施和办法是否切实可行。

（三）涉及有关地区或者部门职权范围内的事项是否经过充分协商并达成一致意见。

（四）文种是否正确，格式是否规范；人名、地名、时间、数字、段落顺序、引文等是否准确；文字、数字、计量单位和标点符号等用法是否规范。

（五）其他内容是否符合公文起草的有关要求。

需要发文机关审议的重要公文文稿，审议前由发文机关办公厅（室）进行初核。

第二十一条 经审核不宜发文的公文文稿，应当退回起草单位并说明理由；符合发文条件但内容需作进一步研究和修改的，由起草单位修改后重新报送。

第二十二条 公文应当经本机关负责人审批签发。重要公文和上行文由机关主要负责人签发。党委、政府的办公厅（室）根据党委、政府授权制发的公文，由受权机关主要负责人签发或者按照有关规定签发。签发人签发公文，应当签署意见、姓名和完整日期；圈阅或者签名的，视为同意。联合发文由所有联署机关的负责人会签。

第六章 公文办理

第二十三条 公文办理包括收文办理、发文办理和整理归档。

第二十四条 收文办理主要程序是：

（一）签收。对收到的公文应当逐件清点，核对无误后签字或者盖章，并注明签收时间。

（二）登记。对公文的主要信息和办理情况应当详细记载。

（三）初审。对收到的公文应当进行初审。初审的重点是：是否应当由本机关办理，是否符合行文规则，文种、格式是否符合要求，涉及其他地区或者部门职权范围内的事项是否已经协商、会签，是否符合公文起草的其他要求。经初审不符合规定的公文，应当及时退回来文单位并说明理由。

（四）承办。阅知性公文应当根据公文内容、要求和工作需要确定范围后分送。批办性公文应当提出拟办意见报本机关负责人批示或者转有关部门办理；需要两个以上部门办理的，应当明确主办部门。紧急公文应当明确办理时限。承办部门对交办的公文应当及时办理，有明确办理时限要求的应当在规定时限内办理完毕。

（五）传阅。根据领导批示和工作需要将公文及时送传阅对象阅知或者批示。办理公文传阅应当随时掌握公文去向，不得漏传、误传、延误。

（六）催办。及时了解掌握公文的办理进展情况，督促承办部门按期办结。紧急公文或者重要公文应当由专人负责催办。

（七）答复。公文的办理结果应当及时答复来文单位，并根据需要告知相关单位。

第二十五条 发文办理主要程序是：

（一）复核。已经发文机关负责人签批的公文，印发前应当对公文的审批手续、内容、文种、格式等进行复核；需作实质性修改的，应当报原签批人复审。

（二）登记。对复核后的公文，应当确定发文字号、分送范围和印制份数并详细记载。

（三）印制。公文印制必须确保质量和时效。涉密公文应当在符合保密要求的场所印制。

（四）核发。公文印制完毕，应当对公文的文字、格式和印刷质量进行检查后分发。

第二十六条 涉密公文应当通过机要交通、邮政机要通信、城市机要文件交换站或者收发件机关机要收发人员进行传递，通过密码电报或者符合国家保密规定的计算机信息系统进行传输。

第二十七条 需要归档的公文及有关材料，应当根据有关档案法律法规以及机关档案管理规定，及时收集齐全、整理归档。两个以上机关联合办理的公文，原件由主办机关归档，相关机关保存复制件。机关负责人兼任其他机关职务的，在履行所兼职务过程中形成的公文，由其兼职机关归档。

第七章 公文管理

第二十八条 各级党政机关应当建立健全本机关公文管理制度，确保管理严格规范，充分发挥公文效用。

第二十九条 党政机关公文由文秘部门或者专人统一管理。设立党委（党组）的县级以上单位应当建立机要保密室和机要阅文室，并按照有关保密规定配备工作人员和必要的安全保密设施设备。

第三十条 公文确定密级前，应当按照拟定的密级先行采取保密措施。确定密级后，应当按照所定密级严格管理。绝密级公文应当由专人管理。

公文的密级需要变更或者解除的，由原确定密级的机关或者其上级机关决定。

第三十一条 公文的印发传达范围应当按照发文机关的要求执行；需要变更的，应当经发文机关批准。

涉密公文公开发布前应当履行解密程序。公开发布的时间、形式和渠道，由发文机关确定。

经批准公开发布的公文，同发文机关正式印发的公文具有同等效力。

第三十二条 复制、汇编机密级、秘密级公文，应当符合有关规定并经本机关负责人批准。绝密级公文一般不得复制、汇编，确有工作需要的，应当经发文机关或者其上级机关批准。复制、汇编的公文视同原件管理。

复制件应当加盖复制机关戳记。翻印件应当注明翻印的机关名称、日期。汇编本的密级按照编入公文的最高密级标注。

第三十三条 公文的撤销和废止，由发文机关、上级机关或者权力机关根据职权范围和有关法律法规决定。公文被撤销的，视为自始无效；公文被废止的，视为自废止之日起失效。

第三十四条 涉密公文应当按照发文机关的要求和有关规定进行清退或者销毁。

第三十五条 不具备归档和保存价值的公文，经批准后可以销毁。销毁涉密公文必须严格按照有关规定履行审批登记手续，确保不丢失、不漏销。个人不得私自销毁、留存涉密公文。

第三十六条 机关合并时，全部公文应当随之合并管理；机关撤销时，需要归档的公文经整理后按照有关规定移交档案管理部门。

工作人员离岗离职时，所在机关应当督促其将暂存、借用的公文按照有关规定移交、清退。

第三十七条 新设立的机关应当向本级党委、政府的办公厅（室）提出发文立户申请。经审查符合条件的，列为发文单位，机关合并或者撤销时，相应进行调整。

第八章 附　　则

第三十八条 党政机关公文含电子公文。电子公文处理工作的具体办法另行制定。

第三十九条 法规、规章方面的公文，依照有关规定处理。外事方面的公文，依照外事主管部门的有关规定处理。

第四十条 其他机关和单位的公文处理工作，可以参照本条例执行。

第四十一条 本条例由中共中央办公厅、国务院办公厅负责解释。

第四十二条 本条例自 2012 年 7 月 1 日起施行。1996 年 5 月 3 日中共中央办公厅发布的《中国共产党机关公文处理条例》和 2000 年 8 月 24 日国务院发布的《国家行政机关公文处理办法》停止执行。

参考文献

[1] 张保全. 党政机关公文处理工作条例释义与实务全书. 北京：人民出版社，2012.
[2] 陶伶. 新编党政公文写作必备全书. 北京：海潮出版社，2012.
[3] 姬瑞环. 党政机关公文写作能力指导与训练. 北京：中国人事出版社，2008.
[4] 胡可柱. 党政机关公文规范与材料写作. 广州：广东教育出版社发行，2012.
[5] 王凯. 最新法定行政公文写作与范例解析. 北京：中国纺织出版社，2008.
[6] 张金英. 应用文写作基础. 北京：高等教育出版社，2008.
[7] 张家恕、郑敬东、林心治. 新编应用写作. 重庆：重庆大学出版社，2001.
[8] 叶黔达. 应用写作. 成都：四川人民出版社，2002.
[9] 向仁伟. 公务常用文体写作. 成都：四川大学出版社，1992.
[10] 张保忠. 中国党政公文写作要领与范例. 北京：经济科学出版社，2013.
[11] 尹平平. 文秘写作实用模板与范本. 北京：中国纺织出版社，2012.